내 마음을 돌보는 시간

연약한 마음을 단단하게 지켜내는 셀프 심리학

我的心也需要呵護

快樂會消逝，情緒也會過去，

你需要的是奪回心靈方向盤，照顧脆弱的心

金慧伶김혜령 —— 著　陳宜慧 —— 譯

推薦序——

我可以有糟糕的情緒，但我不是一個糟糕的人

——洪仲清 臨床心理師

如果我問：在這個世界上，對我們來說，誰是最重要的人？

我猜，不少人會回答孩子，也許有人會提到伴侶，又或者是養育我們長大的父母。但我們可能很容易忘記一個答案：對我們來說，這世界上最重要的人就是我們自己！

「很多人習慣向他人問好，卻從來沒有想過要問候自己的內心。」

我喜歡這種可愛的說法，這段文字讓我腦中浮現帶著善意跟人打招呼的意象。接觸自己的內心，也可以帶著好奇與善意，可以聽聽自己說話，可以對自己講講肯定與關懷的言語。

有些朋友總想要找事情把時間填滿，就是怕靜下來的時候，慌張的情緒、混亂的思緒，會撲天蓋地四處瀰漫。有些人則特別怕示弱，內在的焦慮苦惱煩悶恐懼，都是不被允許的存在，所以武裝自己成為一個情緒鋼鐵人，想讓自己看起來強大，好像完全不受任何不安侵擾。

但真正的強大與堅定，是有一顆穩定的心，任情緒自由來去。能認知到情緒並非事實，儘管有糟糕的情緒，卻無損我們身而為人的價值。

一個平凡的人，也可以同時有糟糕的情緒！

然而，在社群媒體上，那些光鮮的照片與景致，似乎在告訴我們：好事總不會落在我們頭上，其他人都沐浴在幸福中微笑！

於是，打開手機或電腦，為各種「比較」揭開序曲。越比越不開心，想說人家打卡的地方，我們怎麼不知道在哪裡？擔心我們自己的貼文，點讚的人怎麼只有一點點而已？

花了好多時間在瑣碎的事，早就想關掉螢幕、放下手機，但就是不自覺強迫式地瀏覽，手指停不下來。我們以為自己一直藉著網路跟人連結，但事實上我們跟身邊的人正漸漸疏遠。

我們不必然要藉助3C來處理我們的煩悶與焦躁，可以先聽聽自己心裡的聲音，那些情緒都在示警，是不是我們忽略了重要的事情？我們是不是對生活感到迷茫？是不是對關係感到無力無奈？是不是感覺工作不再有意義？

觀察自己的內心，其實需要練習，也需要透過指引。正念靜心便是方法之一，退一步觀察自己，比較不會一下子被很多看似無解的問題，以及長久糾結的情緒淹沒、擊倒。

當我們習慣了好好看著自己，不評價、不抗拒，我們便啟動了接納。認識與接納自己，是愛的開始，而愛能療癒。那些動盪的、未表達的情感，各自找到了合適的地方釋放與安放，這幫助我們培育平常心——懂得了意外與無常，都是日常，那些生滅不定的情緒都可以隨它而去。

最後，我們無條件地接納了自己，並且承諾以行動來體現個人價值。用簡單的心，過幸福的日子，少了在網路上的追逐，我們反而更顯得自由，並且專注投入在對我們而言更重要的人事物裡。

如果這一切不知道怎麼實踐，作者教導我們，可以照顧自己如同照顧一個我們摯愛的孩子。理解他、呵護他、支持他……，如此，不夠好也沒關係，休息之後繼續努力就可以！

推薦序——

幸福之前，你需要的是「奪回心靈的方向盤」

——洪培芸 臨床心理師、作家

你渴望幸福嗎？你想要快樂嗎？相信所有人都會點頭說「是」。然而，你可知道，多少人都在錯誤的方向上尋求幸福，如同緣木求魚。更多人使用飲鴆止渴的方式追求快樂，卻反而與焦慮、痛苦及空虛越來越近。

本書作者——心理諮商師金慧伶——也指出，我們生活在社群網路發達、媒體環繞的時代。持續影響我們思緒及心情的，不是日常生活周遭具體存在的現實人事物，而是透過網路和社群網站就能影響，甚至決定我們今天的悲傷或歡喜。

歡喜也罷，若是憤怒、悲傷乃至於憂鬱呢？那可就得不償失，也是警訊。

金慧伶心理師在本書的前半段，告訴你痛苦的來源、為何人心會感受到痛苦，以及為何紛亂的心無法控制。讓人振奮的是，這些都是有解的。

給自己更好的生活，專注在更有價值的時光，

而不是流連在無意義的網路資訊洪流裡

為什麼很多人會離不開社群？為什麼很多人活在焦慮裡？因為深怕自己跟不上最新的知識，害怕被時代淘汰，擔心自己沒有成長、落後於人。這讓我想起布萊德·史托伯格（Brad Stulberg）與史蒂夫·麥格尼斯（Steve Magness）的《一流的人如何保持顛峰》（*Peak Performance: Elevate Your Game, Avoid Burnout, and Thrive With the New Science of Success.*），他們曾經指出「壓力＋休息＝成長」。

長時間登入在無意義的網路資訊洪流裡，只是虛度你的光陰，耗損你的心力，並不會帶來更多的學習及產值。當你能夠關掉網路，回到日常與現實，嘗試靜下心，或者專注在你眼前的美好——可能是窗台前的花，或是路上的風景——不僅能感覺更放鬆，也能從焦慮中解脫，找回內心的平和與穩定。

正念是不帶評斷地觀察內心發生的一切

你是一個會向內觀察的人嗎？如果是，恭喜你。如果還不是，沒關係，現在就來學習。為什麼不帶評斷地去觀察自己內心如此重要呢？因為你才會明白，那些困擾你的情緒，根本是多餘；那些你擔心的事，發生機率幾乎為0。尤其，更多都是來自於外界丟給你的投射，其實不干你的事。

還有，不帶評斷地觀察，是要你不再長他人志氣，滅自己威風。我們總是在不知不覺中看輕自己，用「不如別人」的眼光，去判斷、看待自己尚未發揮的潛在能力。以至於，當你遇到挑戰或收到帶有難度的邀請時會先說ＮＯ，而不是ＹＥＳ。

積極行動就是給世界最好的回應

當你說ＮＯ，一切都是「０」。「０」乘以更大的數字，結果還是等於0。唯有積極行動，才能帶來更多發展空間及活出精采的可能性。作者援引了心理學家佛洛姆的許多提醒，我深有所感。當你能夠積極行動，你的自我就會隨著每一次的行動（無論是迎接考驗、完成挑戰、克服困難）而變得更強大，更勇敢。

不相信嗎？你只要搜尋名人回憶錄，或是想著你的偶像或任何一位令你心生崇拜或景仰的人，哪一個不是積極行動的人？他們都是用行動力去回應世界，用執行力去落實自己生命中的成就及改變。

最後，分享我最初收到書稿時，立刻吸引我的一句話，那就是「奪回心靈的方向盤」。我們都知道，方向不對，無法抵達我們想要前往的地方。我們也都知道，重複走相同的路，到不了新的地點。可是有多少人做到呢？往往是「晚上想想千條路，早上醒來走原路」，是吧？

所以，奪回心靈的方向盤，就是要你開始成為自己的人生及內在心靈的主人。方向正確，就能避開人生路上無謂的障礙，減輕心靈的負擔。自己負責，自己作主，不再將方向盤交給別人，而是拿回到自己手中，自己決定何時油門催下去，何時需要停一停；該衝刺就衝刺，該休息就休息。成長的果實，幸福的彼岸，就在不遠處等著你。

透過本書，作者帶領你我看見自己內心深處的焦慮，明白內心隱隱騷動的不安全感。每個人都是這樣，沒有人例外。每個人都是在摸石子過河的過程中，學著與不安共存，試圖在顛簸中努力站穩。同時，拿回自己的人生及心靈方向盤，駛向你真心最想去的地方。立即詳讀，持續修練，我們都能過得幸福。

推薦序——

別讓感覺決定你的人生：此時此刻，就是最好的時刻

——海苔熊 心理學作家

人之所以會焦慮，是因為活在未來；人之所以會感到罪惡，是因為活在過去；只有真誠的人，是真正活在當下的人。（When operating from authenticity, there is no anxiety or guilt. Anxiety is about the future; guilt is about the past. Authenticity is about the here and now.）

——心理劇訓練師 多羅西．莎登（Dorothy Satten）

想一想，你是下面這樣的人嗎：

1 總是覺得心情煩躁，沒辦法靜下來做事。

2 注意力很容易被分散，做什麼事情都是三分鐘熱度。

3　一直很想要達成某些目標，但總是覺得自己不夠努力。
4　害怕失去一些東西或人際關係，所以緊抓不放，反而讓自己更緊張。
5　恐懼擁有之後接下來的就是失去，所以不敢鼓起勇氣去追求。

如果上面的情況你出現了三個以上，那麼本書將會非常適合你！上述這些看起來在講五個完全不一樣、毫不相關的狀況，但實際上在談的事情就只有一個：無法活在當下。這些年來我看過了許多跟「正念」（mindfulness）、挑戰認知（dispute）與改變想法（Cognition changing）有關的書，我覺得本書寫得最簡潔扼要，而且翻轉了我的思考方式。

感覺不等於真實

作者提出一個很有意思的觀點：你的感覺是「真實」的，但那並不是「事實」。這句話聽起來很矛盾，意思是說：當你身上有一種感覺，不論是情緒、身體知覺，或者是你腦袋當中的種種想法，都可能是「過去你所遭遇的經驗」、「長期以來你培育的價值觀」、「你對事情的看法」還有「過往的創傷」等等，組合而成「你現在的感受」，而這個感受不等於提供給你的那個「刺激」本身。

舉例來說，朋友跟你聊天到最後出現一句：「好啊，那我們下次再約。」你可能會有下列感受：

- 覺得他很親切且開心地結束這個對話；
- 也可能會覺得他只是客套，不會有下次；
- 更有可能是覺得，他想要趕快結束對話、敷衍你等等。

發現了嗎，同樣一句話、同一個刺激和情境，每一個人在不同的時候都可能會有不同的解釋。你是「真的」感覺到這些感受，但有時候這些感受並不代表什麼，只是你腦袋裡面對某一件事情的反應。

選擇刺激就可以改變心情

知道了這個觀點有什麼好處呢？最明顯的好處是，你終於可以把情緒的責任拿回來還給你自己。換句話說，沒有人能夠讓你不開心、沒有人能夠讓你煩惱，只有你自己可以決定你的情緒——因為你是腦袋的主人。你可能會說，可是我還是會受到一些事情影響。的確，所以作者又提出另外一個觀點：身而為人，你必須學會「選擇刺激」。我最常舉的例子是，如果一個減肥的人，家裡面擺了一大堆零食，或者是身邊聚集了都喜歡吃宵夜的朋友，那麼他大概很難瘦下來。相反的，如果這個朋友開始加入一個運動的社群，認識了健身房教練等等，就算他沒有刻意要減肥，可能也會慢慢變得健康起來。

俗話說境隨心轉，但我覺得這句話反過來說也有道理。有時候我們的心情也會隨著我們的環境而開始有起伏變動，特別是對那些「定力不足」、「容易感到焦慮」或者「隨時隨地在回訊息」的人。我們活在一個瞬息萬變的時代，資訊爆炸，各種社群即時訊息從手機跳出來，常常會讓我們迷失自己的方向，一邊捧著手機，一邊覺得焦慮。如果從正向心理學[1]的觀點來看，要在這個混亂的人生當中找到一點安穩的平衡，擁有好的心情，除了個人的特質很重要，你所選擇的環境跟人際關係也很重要。

換言之，如果你讓自己暴露在一個經常會感到焦慮、擔心、想東想西的環境裡，那麼你大概經常會感覺到不快樂。可是如果你可以讓自己處在一個「正向的環境」，親近那些容易感到快樂的人、到大自然走走、讓身體多活動、觀察生命當中細微的小事物變化，你會發現當生活的型態改變，你的心境也會因此而轉變。

此時此刻，就是最好的時刻

馬修．基林沃斯（Matthew Killingsworth）與丹尼爾．吉伯特（Daniel Gilbert）曾在他們知名的研究[2]說：「流浪的心是不快樂的心。」（A wandering mind is an unhappy mind.）三毛也說過類似的話：「心若沒有棲息的地方，到哪裡都是流浪。」意思是說，如果你希望人生可以過得平靜自在而快樂，那麼「安穩的棲息在一個位置」就是最好的選擇。

別讓自己的心繼續流浪了，你很清楚，它渴望有一個家。

打開這本書，享受每一次翻頁，指尖與紙張觸碰的感覺，當你有意識地選擇自己的刺激、人際與環境，留意每一個和你生命交逢的片刻，或許你就會發現，此時此刻，就是最好的時刻。

推薦序——

站在海岸線觀浪

——劉仲彬 臨床心理師

很多人可能把「正念」的意思搞混了。

倘若望文生義，「正念」一詞很容易被還原成「正向的意念」，甚至衍生出保持正念之類的心靈喊話。但事實上，正念無法保持，它是用來覺察的，因為正念的原意，是「覺察正在流動的意念」。

十多年前，我尚在研究所學習「認知行為治療」（CBT, Cognitive Behavioral Therapy），ＣＢＴ屬於第二波行為療法，第三波行為療法則初露鋒芒，包括適用於邊緣型人格的「辯證行為療法」（DBT, Dialectic Behaviorial Therapy）、處理負面思考的「接納與承諾療法」（ACT, Acceptance and Commitment Therapy）、緩解焦慮症狀的「正念減壓療程」（MBSR, Mindfulness-Based Stress Reduction），以及「正念認知療法」（MBCT,

Mindfulness-based Cognitive Therapy）。

彼時Mindfulness一詞譯為「內觀」，意為「觀照自己的內在狀態」，然而「內觀」一詞實為Vipassana，譯名混用，內涵有別[3]。十多年後，正念一詞已然正名，第三波療法蔚然成風，它們的共同交集，皆為訓練案主「接受自己的狀態」。意思就是，無論是觀照內在，抑或覺察正在進行的意念，目的都是希望你當個「客觀的旁觀者」。

先專心覺察自己發生了什麼事，然後不帶批判地觀察當下的想法與情緒，接受這件事正在發生，接受事態的演變，接受它在心中的流動。

一般講到這裡，坐在我對面的人，差不多就會露出那種被削錢的表情了。沒道理掏了錢，結果卻要接受自己原本的狀態啊。那簡直就像走進貴參參的沙龍，設計師只瞧了一眼，摸了一下頭說，「嗯，原本這樣就可以了喲！」然後到櫃檯結帳送客。

為了證明他沒被當盤子，我通常會用「潮浪」來比喻整個過程。若將潮浪視為情緒，面對潮浪，人一般會有以下三層反應：

第一層，踏浪

面對情緒，選擇淺嘗，謹慎地踩著沙灘的浪花。一旦海潮漫上，觸碰到趾尖，我們便加速退防。不感受起伏，不接受溫度，像個懼水的孩子，隨時被浪頭逼回海岸線。

第二層，捲浪

面對情緒，選擇往浪裡游，讓潮浪帶著身體翻湧，完全沉浸其中，這是我們最常處理情緒的方式。時而纏身，時而脫身，時而摔浪，時而駕浪，但無論姿態如何，我們始終離不開這片汪洋。

第三層，觀浪

面對情緒，選擇掙脫潮浪的引力，站在制高點觀察浪向。和第一層不同的是，它多了「覺察」，少了恐懼。人通常要經過捲浪，才能學會觀浪，必須親身體驗過情緒的暗湧，接受它的無常，才能明白浪潮沒有對錯，起落都只是一種過程。

但這很難。畢竟脫離引力這件事本身就不太科學，海象變幻莫測，暗礁伺機埋伏，浪尖會不斷把我們捲回渦流。即便爬上灘頭，海水也會加重身體的負荷，那時的我們早已氣力放盡，離海岸線終究是一步之遙。

因此，要能站在海岸線觀浪，專注地覺察正念，就必須掌握某些概念與技巧。

嚴格來說，本書並不是一本海岸線觀浪指南。一般制式正念減壓手冊會有系統化的指引，教導覺察身體訊息的步驟，展示各種正念技術練習，附帶相關指導語。然而本書通通沒有，因為作者本來就無意把它寫成一本教科書。

對於這種寫法，我十分贊同。

我曾遇過某些想嘗試正念治療的案主，買了書，聽了課程，然後大概在第八頁就自動繳械。因為對於一般缺乏佛學或禪修背景的民眾而言，正念療法的門檻稍高，概念更加抽象，因此如何「親切地傳達概念」，才是作者的初衷。

在本書中，作者多以日常事件為例，將事件引發的情緒與正念進行「連結」。由於事件觸手可及，正念的運用便不再遙不可及。全書分為兩大部分，前三章講如何將正念技巧置入日常生活，後兩章談如何運用正念技巧處理特定議題，包括焦慮狀態、自我價值、人際關係以及消費行為等。

任何想接觸正念療法的讀者，在進入教科書的頁面之前，或許可先將本書當作某種導覽，以較為親切的形式，理解正念的基礎概念後，再來決定學習的深度。

從踏浪到捲浪，選擇投入情緒，需要的是勇氣。然而從捲浪到觀浪，脫離情緒的纏繞，需要的是力氣。我想，本書應該能協助你以較不費力的角度，破浪而出。

前言——

問候我的心

與史無前例的新冠肺炎危機搏鬥了一季，因COVID-19而改變的風景之一就是社交距離Untact*，也就是人與人之間的接觸減少了。取代接觸的是問候，你過得如何？還好嗎？有沒有不舒服？在這樣的心情裡，飽含希望珍視的人能夠過得很好的關心與期盼。

許多人習慣問候他人，卻對問候自己的內心十分生疏。雖然心裡充斥著無時無刻都在變化的情緒，並湧現許多想法，卻沒有花時間去照顧這些感覺。這導致我們容易在一瞬間被過多的想法壓得喘不過氣，或被激烈的情緒所籠罩，因而使日常生活開始脫序，甚至職場、家庭、人際關係也會出現問題。我們往往都在不知不覺中變成那樣。因

*編註：韓國於後疫情時代發展出的新用語，「不接觸」的意思。

此，問候自己的心，和問候他人一樣重要，因為沒有人不希望自己過得好。

這本書想告訴不善於問候自己、還沒學會觀察自己內心想法的讀者，如何才能輕鬆地「用心生活」，並希望大家的生活能因此變得更舒適。

我們不時會意識到人類有多麼愚蠢且軟弱，但諷刺的是，只有承認自己的愚蠢，我們才會領悟到生活可以更加輕鬆。認知到自己可能會犯很多錯，了解原本確信的事也可能隨時都會出錯，這會讓我們的生活變得更有彈性。

> 我們往往過分相信自己，也不承認自己有多麼無知，以及我們生活的世界有多麼不確定。同時，我們也容易高估自己理解世界的能力，並低估某些事件中偶然所扮演的角色。
>
> ——丹尼爾．康納曼（Daniel Kahneman），《快思慢想》（*Thinking, Fast and Slow*）

過於相信並執著於自己的想法會讓我們不斷碰壁。然而，如果承認自己的想法也存在很多錯誤，並接受這個事實，高牆就會倒塌，思緒也會暢通無阻，能容納有利新資訊的容器也會變大。當我們能放手讓思緒隨意流動時，我們就能少受點痛苦。越不執著，就越能使思緒流動。事實上，沒有憂鬱症的人和有憂鬱症的人差異之一在於，產生複雜的想法時，是否能讓這樣的想法順利流動。心靈健康時，我們就不會拘泥於特定的想法。

我是在「正念」中找到這種不執著，允許思緒流動的力量，這成為我寫這本書的契機。以不評論的方式觀察自己當下所經歷的事，這樣的認知方式就是正念，這能讓人退一步觀察自己，也可以說是在培養自己的「觀察者視角」。站在觀察者的立場上觀察自己，這本身就是確認自己的心靈是否安好的過程，也進一步允許內心湧現的想法和情緒自由流動。

本書由五大章組成，大致分為三部分。第一章透過內心的運作原理說明活著為何會如此痛苦，同時從進化心理學的角度觀察心靈的特性，並告訴讀者不是只有自己特別奇怪，而是我們心靈的運作方式本來就有某些傾向。在第二章和第三章中，收錄了將正念的態度運用到日常生活，藉此減輕痛苦，並找回內心平靜的方法。許多研究證實，正念不僅用於心理治療，在疼痛醫學領域中，正念在減輕痛苦方面的成效也非常卓越。這兩大章中也會說明，該如何將正念自然而然運用到日常生活。第四章和第五章則介紹現代社會的特徵，和外部環境中可能影響我們內心的各種因素，並分享能堅定守護心靈的方法。為了守護因為手機、媒體、助長消費的社會氛圍、人際關係等問題而輕易受到威脅的心，這兩章的實踐方法特別重要。

本書許多章節都融入了以正念為基礎的認知治療、接受與承諾治療、佛教心理學相關內容，但比起說明專業知識，本書更著重描述能在日常生活中輕鬆運用的方法。因為我希望寫出任何人都能輕易讀懂，即使沒有很大的決心也願意嘗試的內容。如果有好奇心想進一步探索深入內容的讀者，請參考本書最後所列的參考書目。

每次書籍出版時，我都會想像有哪些人會在書店拿起這本書。想像的同時，我想起了幾年前處於艱困時期的自己，以迫切的心情購買相關書籍的日子。當時，我認為一本書能救人，而那些在用抓住稻草的心情下所閱讀的書籍，也總是能讓我好過一點。因為如果心情變好，生活當然也會變好。

希望這本書也能對你的心靈有些幫助。心靈不會因為用大腦理解了某些方法就立刻好起來，但如果牢記書中提出的方法，並持續在感到痛苦時實踐，就能逐漸擺脫原本折磨自己的心理反應模式。

即使痛苦沒有完全消失，也希望你絕對不要放棄。雖然生活並不完美，但如果有「會越來越好」的期待，就足以活下去，也請相信逐漸改善的過程，以及為了改善所做的努力，都是生活的一部分。

請相信自己擁有讓心靈和生活變好的力量，並請記住，變好的第一步是從觀察並問候自己的心開始。

二〇二〇年六月

金慧伶

Contents

Chapter · 1

為何「用心生活」如此困難？

Chapter · 2

如果不希望心靈的方向盤被搶走

Chapter · 5

堅定守護脆弱心靈的方法

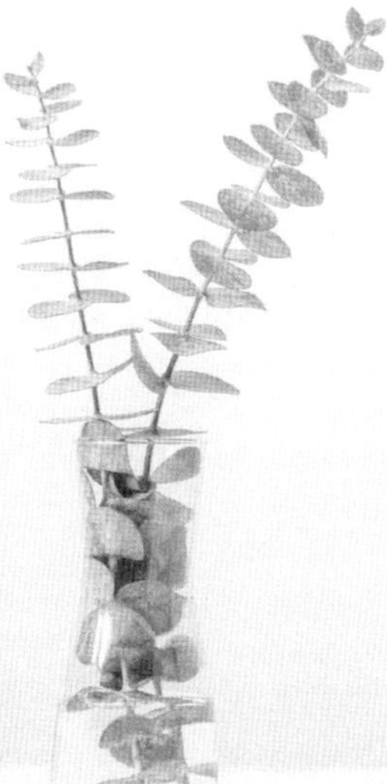

Chapter I

為何「用心生活」如此困難？

讓現代人痛苦的理由

因為理解了多疑的朋友，而領悟到的事實

我有一個疑心病很重的朋友。剛認識時，我總會想：「為什麼她這麼愛鬧彆扭？為什麼她總是負面思考？」但時間久了，我和她的交情越來越好，看著因為多疑的個性而難與他人親近的她，我常常感到很難過。某天，我聽她說了兒時的往事。她在充滿家庭暴力和家人過於放任的童年裡長大。她想獲得家人的愛，卻幾乎被家人拋棄，並且親眼目睹了父親的暴力行為和外遇。因為這樣的環境影響，她在學校也沒能和朋友們好好相處，甚至被同儕孤立。

聽了這個故事後，我才理解，她的「多疑」個性是在兒童時期就形成的生存戰略。被信任的家人和朋友傷害並且遭受家庭暴力的孩子，無法輕易相信他人；不——是「不能」相信他人。因為不知道自己何時又會被人背叛，再度陷入痛苦。兒童時期沒有

獲得完整安全感的孩子，會形成「世界是危險的」這樣的強烈信念。結果就是，這樣的孩子在與世界互動時會過分謹慎。

也就是說，這是一個人輕易付出真心，卻在抱持著有可能受到傷害的不安心理下，所採取的自我防禦策略。對這樣的孩子來說，「懷疑」是生存必備的條件，並在其長大的過程中逐漸成為性格的一部分。

讓過去的我活下去的習慣，卻讓現在的我感到痛苦

前文提到的那位朋友現在已經長大成人，踏入了社會，也談了戀愛。但是，性格中的多疑傾向，成為了她日常生活中的絆腳石，這也是她經常和男朋友吵架的原因。同時，她對職場生活也有很多不滿，一點小事就會讓她誤以為「那個人討厭我」。而對於他人的親切對待，她也解釋為「是別有用心，才假裝對我很好」，因此和同事們的關係當然不好。最重要的是，她總是對許多事情感到焦慮。仔細觀察她與他人的各種衝突後，我最終發現她不相信世界；這種扭曲他人意圖的性格，已經成為她個性裡根深蒂固的一部分。

過去為了生存而發展出來的功能（多疑的個性），正逐漸成為讓現在的自己痛苦

的根源。雖然這樣的習慣讓過去的她得以存活，對於現在的「生存」也可能有一點幫助，但在安定心靈的部分卻沒有任何功能，反而只會帶來痛苦。我為那位心裡無法獲得平靜的朋友感到難過。

但是，難道只有那位朋友有這樣的經歷嗎？難以擁有平靜的心，難道不是現代人共同的問題嗎？

這種多疑的特質，在遠古時代或許有利於人類生存，但在現代，卻讓我們的心靈更加疲憊。

想理解這樣的矛盾，我們有必要先觀察一下「大腦」的運作方式，因為「痛苦」就是來自大腦的想法。

只專注於生存的人，永遠受苦的現代人

人類能夠進化並且生存到現在，說明了我們的大腦朝著有利生存的方向演化，而且非常成功。「物競天擇」[1]的理論精確地說明了這個事實。讓我們來了解大腦有利生存演化的三大特性吧。

其三大特性就是，我們每個人都具有「無法專注於一件事」、「焦慮感」、「負

面傾向」的特質。

(1) 無法專注於一件事

人類是唯一會對過去後悔，且擔心未來的動物，因此，很難將注意力集中在當下發生的事情上。甚至連在看《我獨自生活》（나 혼자 산다）*如此吸引人的綜藝節目時，也無法全神貫注，偶爾也會陷入各種焦慮和擔憂之中。人類是無法完全享受眼前快樂的可悲生物。

在某一個時刻，全心專注在一件事情上的「心流」狀態能為我們帶來幸福。但為什麼我們就是很難專心，注意力總是很快就變得渙散呢？為什麼我們沒辦法集中精神學習，總是無法克制地拿起手機數十次呢？

為了解開這個問題，我們應追溯到原始人的生活狀態。如果原始人能夠不被任何環境刺激吸引，只專心在點火這件事上，那麼當獵食者入侵時，他們就無法立即察覺。另外，如果專心餵奶，即使野獸靠近也沒有警覺，很可能就會面臨被吃掉的危機。若真

---

*譯註：韓國ＭＢＣ電視台播放的實境節目，呈現多名藝人一個人生活的情況。

是如此，人類就不可能一直生存到現在。

原始人需要透過觀察周遭環境，才能在危險時保住性命。這種無法完全專注於一件事情、必須機警地觀察周遭的特質，現今卻成了導致我們注意力容易渙散，並讓我們手機成癮的結果。

結論

為了生存，我們不能只專注在一件事上。

(2) 焦慮感（恐懼感）

我們的大腦依然被原始的反應主導。為了確保生存，我們和其他動物一樣，時刻警惕危險，所以必然會產生焦慮，因為焦慮就是告知危險最好的訊號。

情緒總是以許多方式驅使我們行動，一旦從一些蛛絲馬跡發現自己處在不安全的狀態時，我們馬上就會感到焦慮，身體也會隨之緊繃，呈現適合戰鬥或逃跑的狀態。從原始人的角度來看，這相當於經歷了以下的過程。

聽見沙沙作響的聲音（刺激）↓警報響起（焦慮感）↓觀察發出聲音的地方後，準備逃跑或戰鬥（行動）↓成功（生存）

過去，焦慮的確是原始人生存戰略中的警報裝置，但這個警報裝置現在卻隨時都可能敏感地響起，因而帶來困擾。關於焦慮，我的結論如下。

結論

焦慮是守護生命的情緒。

(3)負面傾向

多正面思考，就能感受到喜悅和幸福，然而，人類天生的習慣讓我們會更注意消極面。

以夫妻吵架為例。夫妻之間很容易忘記對方的十個優點，卻只對一個缺點反應敏感，並因此產生摩擦和爭吵。因為比起正面的資訊，我們更容易注意到負面的資訊，這其實是自然現象。

將此特性與前兩項特質（無法專注於一件事和焦慮感）連結思考後就很容易理解，人類必須敏銳地察覺危險和威脅的訊號，進而讓自己安全。而比起正面的事件，負面事件更容易產生威脅訊號；比起關注子女的可愛，盡快發現敵人的威脅才能救活家人。這種特性延續到現代，讓人難以因成功而喜悅，並且更容易因為失敗而感到挫折。

依據心理學家約翰·高曼（John Gottman）在其著作《七個讓愛延續的方法》（*The Seven Principles for Making Marriage Work*）中提到，為了挽回一次負面事件，需要累積五次正面的互動。你說因為一次失誤讓妻子生氣，卻一直無法讓她消氣？還差得遠呢，你還需要五倍的努力。

神經心理學家瑞克·韓森（Rick Hanson）表示：「讓人類存續，把基因遺傳給後代的代價，就是在基因中植入了關注負面經驗的特性。」

結論

對負面資訊更敏銳的特質，是演化後留下的基因痕跡。

總而言之，這三項特性都是為了讓人類生存和傳播更多基因而留下的痕跡。但這些特質卻對生活在現代社會的我們無法產生正面作用，反而成為痛苦的根源。我們一直在擔心和焦慮中煎熬，聚焦在消極的事情上，這些都會讓現代人感到痛苦。

變幸福的方法是，刻上新的印記

希望大家能夠理解，人類為了生存而演化的方向與人類幸福感的來源並不一致。我們DNA上的印記是為了「生存」，因此我們本能地為了活下去而採取行動，即使不刻意學習或努力，人類也會自動朝著該方向前進，以這種方式生活。

所以為了擁有「平靜的心」，也就是幸福感，我們必須特意學習和練習，因為從過去到現在，那從未刻印在人類身上。為了將新的印記刻印在身上，除了練習之外別無他法。為了保持平靜的心，我們只能馴服大腦。而關於馴服大腦的方法，我會在之後的章節一一解說。

我的心怎麼可能不順我的意

無法控制的心，是痛苦的來源

生活不如意時，大部分的人都會感到很辛苦。但是最不受控的其實是「自己的心」。當我們處在無法控制「自己的心」的狀態時，往往會感到不自在。以下幾種情況就是無法隨心所欲的狀態。

- 不喜歡過分在意他人眼光的自己，卻還是常常看他人的臉色行事。
- 無法輕易擺脫失敗的經驗，一直停滯不前。
- 想瀟灑地忘記已經分手的伴侶，但心裡還是依依不捨。

當我們處在這種「不希望，卻還是如此」的情況，也就是無法控制「自己的心」的狀態時，就會感到痛苦。這種痛苦往往與「控制力」有關。那麼，我們該如何「順利」控制「自己的心」呢？

首先，必須具備「我們對無法改變的事物並不具有控制力」的認知，所以請確認自己可以控制的範圍，並思考自己對這件事情能改變和調整到什麼程度。

一旦想隨心所欲改變無法控制的事物，就會讓人感到痛苦，心裡便會產生問題。明天是星期一所以很憂鬱，天氣太熱所以很煩躁，因為不欣賞對方的個性而吵架……，這些情況都是一樣的，因為時間、天氣、他人的性格都不是自己能改變的事物。所以，現在讓我們來整理一下。

無法改變的

他人、家人、實驗結果、分手伴侶的心、天氣、過去、宇宙。

是的，幾乎所有的東西我們都無法改變，因為世界的運轉與每個人的自我意志無關。如果你問：「那我們能改變的到底是什麼？」以下就是我的結論。

可以改變的

自己。

你說這太理所當然？但事實上，很多人卻總是對無法改變的事戰戰兢兢，或感到憤怒。這些人總認為是別人的性格或行為有問題，因而心生不滿並跟他人產生衝突。他們對於唯一可以改變的「自己」，表現得好像無法改變一樣，卻總認為自己可以改變世界和其他人，也認為該改變的是別人，而非自己。

他人不可以讓我痛苦

具體來說，這些人認為別人不可以讓自己痛苦。然而，他們並沒有意識到，痛苦是自己感受到的情緒。如果因為別人的行為或言語而痛苦，那就是將自己掌控情緒的權力拱手讓給對方。這樣將自己的情緒寄託在他人身上的狀態，稱為「依賴」。

依賴他人時，會因為他人完全不受自己控制而心情無法穩定，所以戰戰兢兢。我有一位朋友，總是因為媽媽的高要求而煩惱，每次媽媽打電話來時，她都很焦慮，因為她沒有自信能好好處理接起電話後將發生的狀況，這等於把控制權都交給了媽媽。當控制權在對方手中時，我們一刻也無法放鬆。

以這樣的角度來看，痛苦豈不是自己造成的？神經心理學家理查・曼度斯（Richard Mendius）這麼說。

人因痛苦本身而痛苦。被痛苦、憤怒、死亡所折磨，睜開眼睛就因為各種痛苦而不幸，每天都很不幸。這種痛苦在我們經歷不幸後於大腦中形成，意即，痛苦大抵是我們自己創造的。這樣的矛盾帶給我們莫大的希望。

——瑞克・韓森、理查・曼度斯，《像佛陀一樣快樂》（*Buddha's Brain*）

無論如何，我們首先應該接受我們唯一真正能控制的，只有「我」。嚴格來說，不是我，而是我的「大腦」，還有我的「心靈」。我們必須了解大腦是如何運轉的，因為唯有如此，我們才能知道如何擁有大腦的控制權，以及該怎麼改變才能減少痛苦。知道大腦如何製造痛苦後，自然就能理解如何訓練大腦來控制心靈。

簡單來說，大腦中負責控制力的部位是「前額葉」。前額葉的前半部分負責制定計劃、為未來做出謹慎選擇，或調節情緒等重要的任務，也可以說是大腦的指揮官。隨著前額葉功能的發展，我們控制情緒的能力也會提升。改善前額葉功能最具代表性的方法就是「正念」[2]。透過正念，我們可以掌握心靈的方向盤，培養自己駕馭心靈的能力。而正如每個人都經歷過的，正因為我們無法隨心所欲控制自己的心靈，所以才需要多加練習。

我唯一能控制的領域——「我的心」

嚴格來說，我們並非自己心靈的主人，因為我們無法完全掌控心靈，只要看看那些在心中突如其來浮現的思念就能理解了（如果還是無法理解的話，請試著命令自己「不要想白熊」*。你的心有辦法這麼聽話嗎？）。

但是如果有意識地練習正念，理解大腦的運作方式，並從中獲取訣竅，就能日益提升控制力。如此一來，就能逐漸培養我們對心靈的影響力。

最重要的是，如果能接受「我無法隨意控制我的心」的事實，就已經朝取得控制權的方向邁進了一大步。但比起試著控制自己的想法，許多人可能更希望靜下心的時候，能夠不要再想起急欲擺脫的事情（現在請靜靜地看著腦海裡浮現的白熊，不再試圖壓抑，你會發現白熊馬上就消失了）。

壞消息是，你在名為心靈的叢林中不是國王。好消息是，你認知到自己不是國王，而這是掌握真正權力的第一步。

——羅伯・賴特（Robert Wright），《令人神往的靜坐開悟》（*Why Buddhism is True*）

無論如何，在這個世界上，能夠抓住心靈方向盤的只有自己，請記住這一點，並進入下一個階段吧！

讓我以眾所皆知的祈禱文結束這一小節。

神啊，祈求祢的恩賜。請賜予我平靜，讓我能接受自己無法改變的事物；請賜予我勇氣，讓我能改變自己可以改變的事物；並請賜予我智慧，讓我能夠區分這兩者。

——萊因霍爾德・尼布爾（Reinhold Niebuhr），〈寧靜禱文〉（The Serenity Prayer）

---

*編註：「白熊效應」由美國心理學家丹尼爾・韋格納（Daniel M. Wegner）實驗後提出。實驗將受試者分為三組，其中被告知「不要想白熊」的受試者，想到白熊的次數反而比可以自由想像白熊的人更多。因此由實驗結果得知，當我們越努力壓抑腦袋裡的想法，反而容易想得越多，產生反效果。

「快樂」的感覺會欺騙我們

不斷尋找能讓人快樂的「焦糖餅」

我小時候非常喜歡「焦糖餅」。在我居住的社區裡，人們把這種餅乾稱為「便便餅乾」（也稱為「椪糖」）。在我小學一年級時，當時的一百韓元能做兩次焦糖餅來吃。每次只要一想到放學後能去吃焦糖餅，我就興奮不已。吃完後我總會期待下一次吃焦糖餅的機會來臨。

但是，能帶給我快樂的甜點，卻從過去五十韓元的焦糖餅變成現在五千韓元的香草拿鐵，有時我還不得不吃更貴的巧克力蛋糕才能感到快樂，大家的情況也是如此嗎？

最近，讓我們感到快樂卻花費昂貴的事物越來越多，美食餐廳、旅行、高價的衣服和包包都是如此。但在達成考試合格、成功就業、升遷等目標時，我們也一樣能感受到快樂，就如同把好吃的東西放入嘴裡一般。

有人不希望活得開心嗎？天底下應該沒有比每天快樂生活更好的事了。所以，為了理解人類追逐快樂的特性，我們最好了解一下「多巴胺」。

「多巴胺」是影響大腦神經傳導的物質之一，透過多巴胺的分泌，能使人感到開心及興奮。人們可能會因為品嘗了美味的食物、獲得了想要的衣服和包包等行為時感到開心而分泌多巴胺。如果多巴胺下降，我們就會產生失望、不滿等不愉快的情緒。如此一來，大腦就會為了得到開心的感覺，不斷重複追求上述的行為。

當我們對某件事情抱持期待，可能是因為我們誤以為能從中獲得很大的快樂，然而，這些期待卻很多都不如預期。不僅僅是美食，曾經以為只要就業就會變得非常幸福，但事實並非如此；期待已久的旅行，因為與朋友爭吵而落幕等情況也是如此，這樣一來，多巴胺的濃度當然就會下降，所產生的不愉快情緒則可能引起觸發，促使我們向外尋找可以讓人再次獲得快樂的「焦糖餅」。

快樂的陷阱

大家可能已經察覺到了，這種快樂中隱藏著陷阱。因為外在行為或刺激而引發的快樂只是暫時的（不只是快樂，所有的情緒都是暫時的）。並且可能使我們無法自拔地想要獲得更多的快樂，這也是源於大腦具有的特性。

美國演化心理學研究者兼作家羅伯．賴特在其著作《令人神往的靜坐開悟》中，透過大腦的機制解釋了快樂為何會枯萎。從演化的角度來看，大腦會指揮人類多做一些有助於基因傳播的行為。意思就是大腦的設計是為了讓人類生存，並追求種族的繁衍。讓大腦下這些命令的三個基本原則如下。

1 達到目的時必須感到快樂。

2 快樂不能永遠持續（因為如果快樂一直持續，就不會有追求快樂的行動產生）。

3 比起快樂馬上就會消失的事實，應該把更多注意力放在達成目標就會帶來快樂這件事上（因為一想到快樂馬上就會消失枯萎，就會讓人猶豫是否要行動）。

從原始人的角度來看，能立即帶給他們快樂的行為應該就是「進食」和「性愛」。這兩種行為都直接關係到生存和種族的存續。進行這兩種行為時，會產生快樂的感受，但快樂很快就會消失，所以會讓人渴求持續重複這些行為，以再次獲得快樂。另外，唯有忽略了快樂的感受會消失的事實，我們才會癡迷地再次嘗試。而我們的存在，證明了人類因此得以成功生存。

在現代社會，儘管人們能夠透過購物、電動、YouTube、社群網站（SNS, Social

Networking Service）、旅行等各種活動獲得快樂，但追逐快樂的大腦依舊以相同的方式運作。因此，我們只能繼續在渴望、嘗試、實現、再次渴望的循環中奔跑。因為大腦會再次渴望下一次的快樂，也因此實現目標或者艱辛地取得昂貴物品所帶來的短暫快樂，當然不會讓我們充分滿足。有了焦糖餅後會想要更大的焦糖餅，擁有了皮鞋後渴望更漂亮的皮鞋，有人「按讚」後希望得到更多的「讚」，在遊戲中打怪升級了就想要再獲得更高的等級。

為了獲得快樂而產生的行動，這一切最終只會導致「不滿足」的結果。以這樣的角度來說，追求快樂的人生是痛苦的，並如以下的模式進行。

A 有渴望的東西→焦慮→痛苦

B 得不到渴望的東西→痛苦

C 得到了渴望的東西→快樂枯萎→痛苦

D 雖然得到了渴望的東西，但與期待相比還是不夠→痛苦

A、B、C、D的模式都促使人們朝重新渴求的方向發展。重新把手伸向巧克力，尋找能讓他人「按讚」的東西，搜尋下一個旅行的地點。這就是我們現代人追求快樂的樣子。究竟有多少人能透過獲得成就或擁有某項事物，而得到完全的滿足呢？

追逐快樂的可憐野獸

八歲的孩子得到焦糖餅後，下一次還會想再吃焦糖餅，大人想得到名牌包包和鑽石的行為也一樣。無論擁有多少昂貴物品，我們都無法感到滿足。所以，高價物品帶來的快樂不能稱之為幸福。

現代人的消費欲望大增，再加上能透過社群網站與他人分享消費的樂趣，因此這類外在刺激帶來的消費行為也變多了。越來越多的刺激，讓我們自然而然持續渴求得到更多東西。

這種快樂是一個陷阱，而這個陷阱又讓我們無可自拔地不斷追求短暫的快樂，並讓我們變成「渴望得到更多的人」。即使現在我們能夠得到想要的東西，心裡也絕對不會滿足。

如果我們的心得透過享用昂貴的美食、穿戴高價服飾，才能感到滿足，那就是一顆「要花大錢的心」。現代人為何需要花費很多錢，才能得到快樂呢？只能說，我們是一種無法不追逐快樂的可憐野獸。

即便如此，我們現在已經知道大腦是用什麼方式欺騙我們，所以不要再被這個陷阱嚇到了。我們需要重拾平靜，也就是找到不用花費很多錢，在任何地方都能免費讓心靈平靜下來的方法。因此，我們必須了解如何讓不斷渴求的心，變成滿意「當下現狀」的心。

當然，寫下這篇文章的愚蠢哺乳類，今天也還是伸手拿了巧克力餅乾來吃。

「感覺」如何製造出痛苦

對幸福的誤解

很多人誤解了幸福的意思，認為幸福就是持續感受到「好的感覺」。但是人類的心會自然產生不同的感覺，如痛苦、快樂、恐懼、擔憂、愛、欲望……等無數的情緒，而誤解了幸福的人，只希望他的心感受到快樂。

因為對幸福的誤解，當我們感到不愉快時，就會忍不住沉迷於酒精或毒品，不斷嘗試讓自己處於恍惚短暫快樂的狀態中。這種狀態究竟能否稱之為幸福呢？

「感覺」在我們的生活中扮演了重要的角色。它塑造了我們的想法，引領我們朝保護自己的方向前進。年紀越大，我們越容易認為我們對所有事情的判斷都是基於理性，但事實上，我們更常僅只依靠「感覺」就做出決定。當然，「感覺」也會幫助我們在日常生活中做出有益的選擇，此時，它算是協助我們做出正確選擇的工具。

行為科學家對「感覺」的功能做出了以下解釋：我們可以將感覺大致分為好的感覺和壞的感覺。好的感覺會讓我們接觸對自己有利的事物，不好的感覺則會使我們避免對自己有害的事物。例如，「感覺」會讓我們想吃新鮮且對身體有益的食物，避免吃下有害且腐敗的食物。我們在安全的地方會感覺到舒適，在不安全的地方則感到不舒服，這也是透過「感覺」讓自己能夠生活在更安全的地方，並進而保護自己的例子。從「天擇」的觀點來看，「感覺」以上述的方式讓人類得以生存。這些習慣一直留在我們的身體裡，在許多情況下，我們也都是憑藉「感覺」做出選擇。

但是到了現代，「感覺」往往成了不那麼值得信賴的工具，反而會驅使我們往誘發痛苦的方向前進。如果對於「感覺」抱持錯誤的理解並無條件跟隨，說不定連生命都會受到威脅，因此我們必須確認關於「感覺」的真相。

質疑你的感覺吧！

第一個真相是，「感覺」不能反映真實。從演化的角度來看，「感覺」可以幫助我們區分出對自己有利或有害的感覺。科學家們認為這是「感覺」原本就具備的功能。如果能利用感覺快速掌握狀況，就可以縮短是要採取行動或是避開危險的思考過程。也就是說，我們可以簡單快速地採取對自己有利的行動。這個判斷功能在遠古時代小規模的採集狩獵社會中往往是符合現實的，但在現在的環境中，卻不見得符合現況。

羅伯・賴特在其著作《令人神往的靜坐開悟》中，以「垃圾食物」為例，解釋了感覺造成的錯誤。垃圾食物雖然對身體有害，但是人們卻經常想吃。但是，被垃圾食物吸引的感覺，稱得上是正確或對我們有利的感覺嗎？

如果要符合原本趨吉避凶的功能，比起想吃高熱量的漢堡或炸薯條，我們應該會更想攝取營養價值高且有益健康的青花椰菜或菠菜。但是有些人卻只想繼續吃漢堡、炸薯條、拉麵或炒年糕。也就是說，只憑藉想吃垃圾食物的感覺，並不能代表垃圾食物對人體有益。所以，這種感覺是錯誤的。

發生錯誤的原因是，「感覺」是演化過程中在特定環境下被設計出來的，這種機能是為了只吃自然食物且群居的原始人所設計，所以在現今多種加工食品生產的環境下，當有害健康卻能刺激食慾的食物增加時，「感覺」便無法發揮相同的功能。也就是說，由於環境的變化，「想吃的食物＝對身體有益的食物」這個等式不再成立。因此，吃自己想吃的食物不再是為了健康因素，這也讓很多家有偏食孩子的父母，每頓飯都像在打仗。現代人必須對抗想吃有害食物的感覺，這樣的煩惱讓人感嘆，卻也無可奈何。

如果仔細思考我們對「時間」的感覺，就能更加理解，「感覺」其實一點都不真實。當我們越是焦急地等待時，往往感覺時間過得越慢，等待放假的感覺就是如此。另外，上班族感覺工作日過得很慢，週末卻過得很快，也是一樣的例子。學生時代往往覺得上課時間過得很慢，午餐時間卻過得很快。那麼，對於時間的感覺，什麼才是真實的呢？由上述案例可知，「感覺」並不完全具有告知真相的功能。

在這層意義上，羅伯・賴特指出感覺就是一種「錯覺」。沒錯，因為並不具有實際形體，因此我們更容易被感覺欺騙。

結合這樣的特性，我們自然能理解第二個事實。

第二個事實是，跟隨感覺行動對自己並非有利。舉個例子，當我們處在壓力或心理耗竭的狀態時，常常會感到無力。有時，深深的憂鬱會伴隨著這種無力感，讓我們失去熱情，什麼事都不想做，只想在心裡吶喊：「我什麼都不想做，讓我清靜一下！」此時，如果繼續依靠這種無力感會如何呢？我們會更難從中恢復，可能會不想吃東西也不想社交，身體失去活力，並且變得很消沉。

從無力感中恢復的最好方法就是從事新的行動，或處在能促使自己行動的環境中。活動身體讓自己產生活力後，自然就會感覺充滿生氣。在非常不想去運動的日子裡，逼自己去運動的人，應該都懂這種感覺。運動過後，身體感到更輕盈也更有幹勁了。所以，放任自己，一味跟隨什麼都不想做的感覺，對自己絕非有利。因為如果真的什麼事都不做，我們可能只會死去。

另一種依靠感覺行動，因而對自己產生不利結果的代表性情緒就是「憤怒」。憤怒是一種很強烈的情緒，會讓我們說出平時不會說的話，甚至做出平時不會做的行為。但是人們常常會受到這種情緒的驅使而說出粗魯的話語，並導致情況惡化。極端的例子有，因為樓層噪音無法忍住憤怒而毆打鄰居及配偶的人，或家人之間因為太過生氣而殺人的情況等。這些行為大部分都不是一開始就計劃好的，只是因為無法控制瞬間激烈的情緒所導致的結果。雖然只是情緒驅使的行為，卻造成非常驚人的後果。從這些例子可以看出，依靠感覺行動，不僅對自己，對所有人都是不利的，這些行為不會為任何人帶來有利的結果。

感覺只是感覺，不要被牽著鼻子走

如上文所述，「感覺」稍有不慎就會成為傷害自己的毒藥。依靠感覺行動可能會讓自己陷入無法逃脫的陷阱。為了因應這樣的情況，希望大家記住以下兩點。

第一，請記住，感覺只是心中經常改變的「暫時現象」，沒有必要賦予感覺太大的意義，如此一來，我們也就不會那麼執著於感覺了。請把「感覺」想像成是短暫擦肩而過的路人，如此就不會被它任意擺布，做出自己不想做的事；也不會再因為一時的憤怒，說出一些無法挽回的話語或對人拳腳相向。另外，也可以避免自己被無止境的無力感束縛，避免生命因而受到威脅。

第二，不要一直沉浸在好的感覺中，也不必急著從不好的感覺中逃走。我們在前文說過，人們對幸福的誤解常常在於「想持續感受到好的感覺」。但是，無論是好感覺或壞感覺都不會左右我們的幸福。因為，幸福的人可能也不時會感受到恐懼、倦怠、嫉妒、憤怒等不愉快的情緒；不幸的人也不全然是痛苦的，也可以感受到快樂。

幸福，並不能依賴時刻變化的情緒，而是如社會心理學家埃里希・佛洛姆（Erich Fromm）所說的，是「一種存在方式」。如果想要幸福，不該為了獲得一時的快樂而依賴酒精、毒品、消費等，而是應該對自己的所有情緒都敞開心扉，也應該更進一步努力理解並照顧自己，進而讓自己成長。

我們的心會產生很多種感覺，即使不忽略這些感覺，也不會被不舒服的感覺壓垮，同時也能維持幸福的生活，我會繼續說明達到這種狀態的具體方法。

生活在平行宇宙的人們

「他到底怎麼了？」

你有過因為和某人意見不同，完全找不到共識的經歷嗎？雙方為了相互了解，不斷說明各自的立場，但往往差異不但沒有因此縮小，對話也總是出現分歧。這種經歷不僅在家庭關係上，在朋友、戀人之間也很常見。在此過程中，彼此不只產生誤會，也因此時常失望或受傷。與他人的關係是讓我們感到痛苦的最大因素，也是最消耗心靈能量的地方。

因為關係問題而歷經困難的朋友告訴我，有一段影片幫助他找回了內心的平靜。這段影片〈即問即答〉（즉문즉설）的內容是法輪大師聽取聽眾的提問，並幫助聽眾找到解答。因為朋友的一席話，我也對這段影片產生興趣，所以找了影片來看。然而，看著大師和聽眾一來一往的提問和對話時，我關注的不是大師的建議，而是聽眾們的各

種煩惱。大部分的煩惱都與關係有關。很多人因為與胡言亂語的老公、拒絕對話的兒子、背地裡說閒話的鄰居、無法溝通的婆婆、冷漠的媳婦等，產生衝突而痛苦。他們大部分的抱怨都是這些人不了解自己，也無法理解對方為何不照自己的意見思考和行動，因此感到痛苦且鬱悶。聽到這些煩惱讓我覺得很難過。

但是，仔細聆聽提問者和大師的對話，就會發現提問者似乎都被某種思考的框架所束縛。在這個框架內，大部分人把自己設定為「受害者」，並把引發痛苦的對象視為「加害者」。

法輪大師試圖透過對話改變提問者的思考方向，也就是幫助他們轉念。當然這並不容易，因為僅用簡短的對話很難改變每個人長久以來的觀點。即使雙方立場相近，還是不免會有這樣的想法產生：「啊，原來大家都活在自己的世界裡！是不是所有人都活在平行宇宙中呢？」

我也隱約意識到，自己可能也以某種根深蒂固的想法折磨著自己。在某個觀察孩子們的日常並相互分享的親子節目《我家的熊孩子》（미운 우리 새끼）中流行著一句話。

「他到底怎麼了？」

一位母親表示，雖然是自己生養的兒子，卻完全無法理解兒子的行為，因此在節目中重複了好幾次這句話。但這句話不也是所有人的心聲嗎？

大家都活在各自的宇宙裡

每個人在形塑自我的同時，都擁有一個自己的世界。在這個專屬自己的宇宙裡，我就是主角。每個人都生活在各自的宇宙中。在這屬於自己的世界裡，「我」永遠都是對的，我們看其他人的方式或對他們的判斷與評論都不會出問題。但是，當我們與他人相遇時，如果只相信自己是對的，那就會發生問題，這是不同宇宙之間產生的衝突，也是各種痛苦產生的根源。

換句話形容，這個宇宙就是「主觀世界」。我們所看到的一切，只是由自己的心所建構出來的主觀世界。這是西方思想中「唯心論」[3]的觀念，也是印度經典中「梵我合一」[4]思想的內容。此思想的核心是，離開我心的任何東西都無法存在。

如果用下述比喻會更容易了解。當我們試圖了解他人時，只能透過自己的濾鏡了解對方。A和B可能對「金哲洙」這個人有完全不同的理解。A認為金哲洙是善良聰慧的人，B眼裡的金哲洙則可能工於心計又奸詐。那麼金哲洙到底是什麼樣的人呢？A看到的金哲洙和B認為的都可能是真的，但都只是金哲洙的一部分，不是全部，因此他們的世界裡，只存在從各自角度所看到的金哲洙。

我們再進一步探討，為何人與人之間會有這麼大的差異。每個人都有不同的經歷、核心情緒[5]、欲望和信念。這些要素聚集在一起，就會影響我們看待世界和他人的方式。例如A和B的心裡可能會有以下想法。

● **A的內心**

經驗：小時候如果不按照父母的要求行動，就會受到尖銳的批評。

核心情緒：恐懼。

欲望：想滿足他人。

信念：如果拒絕某人的要求，我可能會有危險。

● **B的內心**

經歷：父母要照顧生病的哥哥，所以沒有給予自己充分的關心。

核心情緒：孤獨。

欲望：想得到關注，希望他人認同自己的存在。

信念：如果不成為偉大的存在，也許就會被喜歡的人拋棄。

A的內心與B的內心是如此不同，所以對同一個人也難免會有不同的詮釋。也就是說，經驗、情緒、欲望、信念匯集在一起，會形成我們觀看他人的一種濾鏡。這副濾鏡可說是一種投射。投射，是指自己的心理狀態或性格，反映在我們的人際關係或某些外在狀態裡。所有相遇的人和情況都常被我們投射在自己的世界裡，自卑感、攻擊性、恐懼都是容易投射的要素。狐狸的眼中會出現狐狸，熊的眼裡看到的是熊。樂觀者眼中的世界是快樂的，憂心忡忡者眼裡的世界當然會充滿擔憂。

最親近的關係，也往往最無法相互理解，因為彼此會投射更多情緒和欲望在對方身上。通常，父母最容易對子女進行扭曲的投射。他們因為自己的自卑，而對子女抱持過大的期待。內心認為自己微不足道、沒有什麼可驕傲的父母，把自己無法實現的欲望和期待投射到子女身上，對於子女的成績過分執著，或是操控著子女的人生，這些都是想透過子女來消除自我不足的表現，父母和子女間的衝突往往因此而發生。

戀人之間又是如何呢？戀人之間也會彼此投射。例如，將愛情可能會冷卻的恐懼投射到對方身上，或將自己上一段被外遇的經驗投射在下一段關係裡，因而過分約束或懷疑對方。

我們在面對越是不重要的關係時，越容易客觀思考。相反的，面對家人、夫妻、戀人、最要好的朋友時，則無法調整適當距離，反而更強烈地投射出自己內心的情緒與欲望，因此引發關係裡的巨大衝突。無論與對方是多麼親近的關係，都會因為這樣的衝突而感到「孤獨」。因為他人無法理解自己，所以有被孤立的感覺。

透過自己的濾鏡凝視他人

相遇帶來的刺激，會在每個人心裡激起不同的反應。即使面對同一個人，有的人會在對方身上找缺點，有的人會將對方與自己的處境相比較，有些人則會把他人當作鏡子，進而審視自己的樣貌。因此，每個人對同一個人有不同的意見都是很理所當然的，所有人都只能透過自己的濾鏡觀看他人，而依據濾鏡的特性，他人可能成為敵人，也可能成為合作對象。

因此，為了不讓自己與他人的相遇成為痛苦的根源，請務必記住以下兩點。

第一，請記得，和任何人建立關係都是宇宙與宇宙的衝突。即使是自己親生的孩子，即便是一起生活二十多年的夫妻，都沒有例外。如果對方和自己能相互理解，沒有衝突，相處得很好，那是運氣好。然而，即使發生衝突，也不代表這是一段錯誤的關係或是孽緣。所有的關係都是兩個宇宙間的衝突，因此無法相互理解是理所當然的，也許打從一開始，我們就不可能走在同一條道路上，只能在自己的路上想像他人走的路，並努力理解。

第二點承接第一點，與對方相處時，我們不能失去對對方的「疑問」。通常越是親近的人，我們越容易輕易為對方下結論，並自行定義對方就是什麼樣的人。我們總是相信自己最了解對方，但這樣，只會和我們自以為最了解的對方，經歷無止盡的衝突和爭執。但是，即使是再親密的人，如果能保持對對方的「疑問」，兩人的關係就會有很大的不同。

處在疑問狀態，意味著我們不會隨意評斷對方，同時也會對對方更加好奇。我們必須承認，無論與對方相處了多久，對方仍有許多我們不了解的地方。在我的世界裡，不是要將對方關在門外，而是要敞開世界，允許對方在自己的世界裡不是扁平的，是會改變的。如此一來，雙方的關係就不會停止，而是會不斷變化。

無論我們從對方身上看到什麼都不是真的，只是我們內心的投射——只要能接受這件事，如此就能隨時透過他人了解自己。此外，不要隨意將自己的欲望強加於他人，這樣就能減少因為自己的錯誤期待而對他人產生失望的情況。

在我的人生中，我是主角，其他人無法像主角一樣生活，這是明確的事實，任何人都改變不了。在我們出生的同時，就誕生了一個以自己為中心的宇宙，這是一件很幸運的事，但正因為如此，我們必然會和他人產生衝突，因為其他人既不能生活在我的宇宙中，也無法完全理解我們。同樣地，我們也無法完全理解他人的宇宙。

如果能了解我們面對的是無法隨我們心意行動的他人，並接受我們和他們在一起生活時會產生痛苦，是理所當然的一件事，那麼當我們走在同一條道路上時，應該會比較不辛苦。

Chapter 2

如果不希望心靈的方向盤被搶走

照顧那一顆混亂不安的心

守住心靈的方向盤

聽說具有自動駕駛功能的汽車上市了。駕駛人即使不操控方向盤，汽車也會自動安全地抵達目的地，真是進步的世界啊！但我們的心卻不是如此，如果放任不管，它只會更加焦慮且混亂。這是因為，平時，我們的心都處於自駕模式。

不想記住的事情卻持續在腦中縈繞，這樣的情況是不是很常發生？你是不是常常想東想西以至於無法入睡？或是想專心上課，卻不知不覺開始思考其他事情？像這樣胡思亂想，放開心靈方向盤的瞬間，我們就會讓自己被雜念侵蝕，引發問題，陷入危險，所以必須練習握緊心靈的方向盤，不要隨意放開或將方向盤交給別人。

第一章〈讓現代人痛苦的理由〉中說明，「無法專注於一件事、焦慮感、負面傾向」是在原始時代能幫助我們生存，卻讓現代人陷入痛苦的三大特徵。

如果不具備這三種特性，我們的生活可能會輕鬆得多。如果能不被多餘的擔憂所困，對即將到來的未來也不感到焦慮，無論做什麼事都能正面思考，並能敏銳地察覺令人心情愉快的資訊，就不會有痛苦產生的機會吧？

那麼，為了找回內心的平靜，我們有必要強化與這三個特質相反的能力，如下。

- 關注對自己有益的事物。
- 「選擇」對自己有正面意義的情緒。
- 拋開痛苦，並強化正面的想法。

只要能做到這些事情，心靈就不會在憂鬱和焦慮中載浮載沉，也不會被憤怒吞噬，只會沉浸在有益的事物中。但是這幾件事情在心靈無人駕駛的模式下是不可能完成的。所以，我們必須先關掉無人駕駛模式，身為主人的我必須緊緊守住方向盤，對心靈明確地表達：「我是主人！」

為了不讓自己失去心靈方向盤的掌控權，我建議大家實踐以下三點事項。

(1) 有意識地少看少聽（減少刺激）

一旦大腦疲勞，就會進入自動駕駛模式，就好比體力不支，肌肉就無法用力一般，我們如果一直處於注意力無法集中且焦慮的狀態，並不斷地接收無數的刺激，大腦就會感到疲倦，往利己方向運轉的機率就會降低。

因此，我們必須有意識地阻斷刺激。讓現代人心靈疲憊的罪魁禍首就是手機和網路，上網會使大腦短時間內接收過多資訊，並為了處理這些資訊而消耗許多能量。因此，在休息時瀏覽手機是無法讓大腦真正休息的，最好設定關掉手機的時間，或在搭乘交通工具時，養成不看手機的習慣。

在眾多感官刺激中，從眼睛進入的刺激最多，也最強烈。因此，只要閉上眼睛，就足以阻斷外來刺激。讀書或工作時，即使只有十秒，也請閉上眼睛，好好深呼吸，如此簡單的動作就會讓你有補充能量的感覺。

(2) 觀察自己的想法（削弱雜念的力量）

仔細觀察自己的想法吧。我們往往會放任自己的心胡思亂想：這裡有不願意想起的東西，那裡有再怎麼擔心也解決不了的擔憂……。但只要可以驅趕這些雜念，就能讓自己平靜下來。這並不是要你嚴厲地審視自己，而是寬容地、靜靜地觀察自己的想法，就像觀看螢幕裡的影片一樣。

請不要試著抓住任何東西，就像越想抓住分手的戀人，結果就會越悲慘一樣，越是對某一個念頭執著，就會越痛苦。

「放下，觀察，不嘗試改變」，就是對雜念該採取的態度。

如同觀察鄰居的可愛孩子，只要看著對方就可以了。如果對孩子嘮叨，孩子反而會哭鬧。所以請看著就好，只要靜靜觀察自己的想法，這些混亂的想法就會失去力量。如果在觀察過程中心裡出現「喜歡、討厭」等評斷，就在腦中複誦「天空是藍的」或「蘋果是紅的」等客觀的句子，讓自己保持客觀，也會有一些幫助。

因為我們總是會習慣性地「評論」所有事物，所以在檢視自己的過程中，要能不做出判斷並不容易。「喜歡這個，討厭那個，他長得很醜，我是魯蛇」，這些帶著評論的想法只會讓自己感到疲憊。請停止評斷，只觀察想法本身。不要被這些想法牽著鼻子走，只要靜靜地看著就好。

(3) 請記住，我們的大腦在原始時代就已被馴服

我特別想對焦慮的人囑咐這一點。前一章我們曾說過「焦慮是守護生命的訊號」，為了確保生存，我們的大腦會保留一些特性，但這些特性只是為了在原始環境生

存的最佳選擇。不過要注意的是，雖然經過演化，直至今日我們卻仍舊保有石器時代的大腦。

為了守護我們的生命安全，大腦總是拉響焦慮的警報。如果引起原始人焦慮的原因是威脅生命的獵食者入侵，那麼引起現代人焦慮的因素，大概就是截稿日、他人的眼光、考試、工作等，不會直接威脅生命的問題。所以，請不要因為這些警訊而陷入焦慮。現代人的日常生活中，幾乎沒有會直接威脅生命的因子，因此我們沒有必要讓自己時常處在警戒狀態，即使完全平靜下來放鬆也沒關係。

如果持續陷入焦慮，並為此倍感壓力，我們也許會因此而失去生命。在原始時代，沒有人因為壓力而死亡；但在現代，壓力卻成為威脅我們生命的主犯。所以請記住這段話：「我的大腦在原始時代就已被馴服，因此再怎麼感到焦慮，這些過去造成焦慮的因子，現在也不會對我的生命造成任何影響。」只要輕輕安撫這些焦慮，重新讓心靈恢復平靜就可以了。

好好安慰因焦慮而發抖的心：「沒關係，我不會死的，謝謝你守護我。」接著，將注意力專注在要做的事情上吧。

心也需要休息

讓心靈「好好地」休息

我看了《休息的技術》（휴식의 기술）這部紀錄片，這部片將現代人習慣疲勞和壓力的樣子都呈現了出來。現代人並不擅長休息，在連要維持正常生活作息都很難的社會裡，因為對成就的強迫症，以及對自我進步的責任感不斷驅使著我們運轉，所以連「休息」都成了一件必須要「認真」完成的事情。

休息就是放鬆，是留白的時間，不是日常生活的一部分，而是該從日常生活中分離出來的時間。在入學考試、學業、就業等課題面前，我們的心常常會出現問題，遇到挫折時，我們動不動就想躲回自己的洞裡，這顆心總是像絆腳石一樣礙手礙腳。很多人帶著如此脆弱和畏縮的心，一直處在精疲力竭的狀態中，我想這就是因為「沒能好好休息」而產生的問題。照顧好自己的心，就等於給予心靈適當的休息；藉由讓心休息，我們就能找回安定。

為了照顧讓自己痛苦的心，從二十多歲開始，我不僅讀遍了與「焦慮」相關的書籍，還嘗試了冥想、瑜伽、跑步、心理諮商等，有助於心理安定的方法。其中，效果最好的當然是「冥想」。我現在每天也都會冥想。冥想也是實行「正念」的最佳方法。事實上，被傳播到西方，用於心理治療的佛教修行法「內觀式冥想」（vipassanā）[1]指的就是正念。而藉由正念和呼吸冥想，培養心靈力量的原理其實很簡單。

正念是不帶評斷地觀察自己內心所發生的一切，如果能以這種方式，有意識地增加觀察自我內心的時間，就有助於提升注意力。而呼吸冥想，指的就是藉由只專注於「自己的呼吸」的過程，進而提升注意力。如果能用這種方法培養注意力，紊亂的思緒就會消失，內心也會隨之平靜。讓注意力集中到自己想要專注的事情上，這種力量會隨著後設認知（metacognition）[2]能力的增長，讓折磨自己的想法在產生的當下馬上消失。如此就能降低內心混亂的頻率，不費吹灰之力，幫助自己從不愉快的情緒中解脫。

讓心情平靜的閱讀法

如果說呼吸冥想，是透過專注於呼吸找回心靈的安定，那麼閱讀就是透過專心讀書，找回心靈穩定的一種冥想。呼吸冥想僅需五分鐘就能讓心靜下來，透過閱讀也不需要很長的時間，就能讓心沉澱。因此，請不要因為覺得自己沒有時間讀書而放棄閱讀。

在閱讀中讓心靜下來的方式很簡單。心煩意亂的時候，先選一本喜歡的書吧。打開書後，請用心閱讀每個句子，你可能還沒看幾行，就因為腦中持續浮現讓自己心煩的問題，而無法集中精神。沒關係，如果你察覺到自己被那個想法困住，那就把注意力再拉回到書裡的句子上吧。如果不記得讀過的內容，再重新回到第一句就可以了。因為我們的目的並不是快速閱讀。十分鐘，不，五分鐘也好，請持續重複這個過程。

如何，不難吧？但是請一定要注意一點。心裡請不要有「要讀完」、「要讀快一點」的想法。我們只是希望讓心靈休息，而不是藉由讀書築起知識的長城。別忘了，我們是為了放鬆心情才開始閱讀的，請不要將閱讀變成勞動，否則我們又會用和工作一樣的方式讀書。

脫離日常生活，暫時駐足於書裡吧

讀書冥想的目的，在於擺脫忙碌的日常生活和各種讓人心煩意亂的問題，使意識暫時停留在書本中。這樣我們隨時都可以藉由閱讀暫時遠離日常生活，並讓心安定下來。

很多人因為受不了壓力，而以抽菸或喝酒的方式逃避，但如果習慣以閱讀的方式休息，便能不損害健康，同時調整心情，不會產生後遺症或罪惡感。

我偶爾會有這樣的想法：「如果我的心再更堅強一點，我會不會成為更帥氣的人呢？只要不因任何事倒下，不因任何人受傷，我應該就能取得更多成就吧？」但那不是我。一旦明白不是只有我這樣，而是每個人都會遭遇類似的心理問題，只是程度的不同而已，我的心裡多少就能感到安慰。

當「心」處在危險的狀態時，如果有像閱讀一樣能讓心靈找回安定的習慣，心就能靜下來。無論何時，只要藉由這個習慣，讓心先遠離負面的狀態，之後再重新振作就可以了。雖然心情隨時可能颳風下雨或陰天，但是我有雨傘，也有可以點亮燈光的智慧，所以沒有必要感到害怕。

因此，哪怕一天中只有幾分鐘也不要猶豫，脫離日常生活，放鬆一下吧！如果你對冥想感到陌生，就透過閱讀休息一下，這樣心就能像冥想過後一樣，得到很大的休息。透過休息補充能量後，再勇敢地重新回到「該做的工作」上吧！希望大家都能獲得平靜的休息。

呼吸冥想法

以舒服的姿勢坐著，閉上眼睛，專心吸氣和吐氣。可能不到幾秒鐘就會浮現雜念，沒關係，如果發現自己分心了（產生雜念），請再次專注於呼吸。

沒有必要因為一直無法專心就指責自己：「我完了，我沒有認真冥想！」因為冥想不是在測試「誰能長時間專注於呼吸」。請記得，我們是在練習「重新讓注意力回到呼吸的方法」。

注意力就像喜歡玩耍的孩子，第一天出門後會回家，第二天出門後，還是會再回到家裡。我們的注意力會持續流動，思緒會不斷湧現，也總是會突然感受到某些情緒。因此，確認我們感受到的是什麼情緒之後，請再次讓注意力回到呼吸上，這樣就可以了。

請不要太煩惱，不需要因為一直分心而焦躁不安。哪怕只有五分鐘或十分鐘，只要在一定的時間內持續「意識到自己的情緒，再重新呼吸」即可。這個過程反覆練習後，能夠依照自己的意願運用注意力的能力就會增強，專注力也會提升。

在進行呼吸冥想的過程中會重複以下流程。

專心呼吸↓想到喜歡的人↓啊，沒有專心呼吸，應該再次專注於呼吸↓專心呼吸↓好像從某處傳來五花肉的香味？好想吃五花肉↓啊，又分心了，再次重新呼吸↓專心呼吸↓明天要交的作業能完成嗎？啊，又脫離呼吸了↓再次回到專心呼吸的狀態

鍛鍊陷入焦慮的大腦吧

讓心在短時間內成長

對於受傷經驗太過執著的人，心靈無法成長，因為專注力都用來確認傷口的位置，而無法產生力氣以長出新肉或去掉疤痕。同樣地，太過擔心未來的人，心靈也沒辦法成長，因為焦慮只會像雜草一樣不斷生長。

正念能讓我不在過去和未來中不斷掙扎，而是檢視「現在的自己」，並讓我覺察我的心靈螢幕當下播放的是什麼畫面。只要閉上眼睛專心呼吸兩分鐘，這兩分鐘的冥想，會讓平時經常困擾我的雜念找到新的出路。

每天觀看心靈螢幕時，我總會驚訝地發現，原來「我總是反覆在想同樣的事」，以及「對於我不希望想到的事，我反而會更常想到」。幸運的是，並不是只有我會這樣。

大部分的人都有無法解決的煩惱，並且習慣長時間思考讓自己感到痛苦的煩惱。

如同前文提到的，心靈具有「負面傾向」的特性，所以如果不好好照顧，就很容易被消極的事物所吸引。人類演化的過程中，大腦以為只有「生存」才是幸福的事情（不，事實上大腦不知道何謂幸福！），所以比起正面的刺激，大腦對於負面刺激的反應會更加激烈。這是在遠古時代，祖先們為了快速掌握危險因素（例如蛇或老虎），判斷該戰鬥或是逃跑而留下的演化痕跡。依據原始環境塑造而出的大腦，並不知道現代城市有多麼安全，也對ＡＩ（人工智慧）能否取代人類的位置毫無興趣。大腦不知道現在威脅人類的不是猛獸，而是渺茫的未來。

對於這樣的大腦，無論如何都必須好好安撫和訓練。與其小心翼翼畏畏縮縮，不如培養心靈的肌肉。如果用堅強的心觀察世界，會發現世界不再是充滿危險的原野，而是令人心生愉快的地方。

如果我們只活在過去或未來，我們將無法成長；如果不能靜下心，感受「現在這一瞬間」，而是持續被雜念干擾，內心就會變得很脆弱，如同只攝取不良食品的身體一般。

讓我們無法活在當下的最大理由就是「不想受傷」，每個人都想舒服地生活，不希望遭遇痛苦，但是，若是將「痛苦」設定為我們必須逃避的對象，反而會帶來更大的痛苦。

因為過去受到了痛苦，為了不再受到傷害，我們往往會在心裡模擬沒有發生過的事情。像這樣把自己視為「受害者」的過程中，會使我們無法完整感受當下的一切。我們無法將視線從傷口上移開，投向周圍美麗的事物，就連搖曳的櫻花和楓葉都看不到。從無法活在當下的瞬間開始，我們就失去了許多體驗美好事物的機會。

為了活在當下，我們應該改變與「痛苦」的關係

對於該與痛苦保持何種關係，大家應該感到很好奇，要維持良好的關係嗎？我們在生活中會感受到痛苦是極其自然的一件事。遇到挫折會痛，分手會難過……，我們不會認為沒有悲傷和焦慮的人是「自然的」。

根據認知行為治療CBT[3]的第三波「接納與承諾療法」認為，治療心靈應該從「不把痛苦視為要控制或消除的對象」開始。不是把不痛苦的狀態視為正常，而是把痛苦的狀態視為正常。這被稱為「痛苦的正常性」。該理論甚至認為，接受痛苦就是不經歷痛苦的一種方法。大部分的人對這樣的觀念多少有些陌生，但是只有積極接受痛苦，才能從痛苦中解脫。因為越是討厭並想推開那些不得不接受的事物，就越無法擺脫那些事物。

這讓人想到，心理學領域中也將焦慮分為神經性焦慮和「現實焦慮」。焦慮並非全部都對健康有害。因為現實狀況自然產生的焦慮是合理的反應。正常的焦慮並不需要治療，而是能夠幫助人類成長的催化劑，透過現實焦慮，我們才能做好因應變化的準備。

然而，如果連這種正常情況所產生的焦慮都試圖避免，並費盡心力控制情況和他人，結果會更加痛苦，因為除了自己之外，我們無法掌控任何事物，所以會感受到痛苦是理所當然的。

最終，我們必須接受，痛苦和快樂一樣，都是人生旅程中需要面對的情緒。

擁抱痛苦，真正的命運之愛

如果我們現在的生活將永遠無限循環，會發生什麼事？如果現在這個瞬間在下輩子和下下輩子都將無止境地重複，那麼不僅現在的喜悅，我們也必須無止境地面對所有的痛苦，我們該如何生活呢？

德國哲學家尼采（Friedrich Nietzsche）以「永恆回歸」[4]描述「這一瞬間已經重複了無數次，今後也會如此」的狀態，並表示：「在那樣的生活條件下，必須肯定並愛上自己的命運，包含所有的快樂、悲傷和痛苦。」換句話說，命運之愛（Amor fati）*就是對

自己和所有命運的愛。在韓國，命運之愛（活著就是那樣，每個人都是空手來到這個世界）也因為歌手金蓮子的歌曲〈Amor fati〉（아모르파티）更加出名。

與其怪罪那些折磨自己的條件，不如接受所有的既有條件，進一步擁抱並熱愛痛苦，這才是人類所能展現的最佳生活，也才是真正的生活，這點和接納與承諾療法中對於痛苦的看法（接受痛苦是不經歷痛苦的唯一方法）是相通的。肯定並熱愛命運是什麼意思呢？擁抱痛苦又意味著什麼呢？如果開始思考這些問題，就會覺得生活依然很沉重，但是沒有必要想得如此深入，反正我們要過的不是「偉大的生活」。只要今天這一天，不，是只要現在這一瞬間，活在當下就行了，所以可以輕鬆一點。

如同不畏大浪的衝浪者

有過以下經歷的人都知道，如果心中不斷有著「即使死了也要準時下班」的想法，那麼，在下班前一刻產生的業務工作就會讓人更加痛苦。同樣地，如果抱持著「我的生活必須是條康莊大道！」的想法，那麼考試落榜或求職不順時就會加倍痛苦。

＊編註：源自拉丁語，指一種人生態度：無論是痛苦和損失或是快樂與收穫，人生中發生的一切事物都值得擁抱。懷有命運之愛的人能無條件地接受人生中所有的事件和處境。這個概念在尼采的著作中也常常出現。

「我不想受傷，想過得舒服，沒有痛苦」，這種想法只會讓生活更加困難且艱辛。如果能接受每個人的生活毫無例外地都會歷經曲折，參雜著上坡路和下坡路，這樣一來不論遇到什麼路段都不會慌張，並能欣然迎接，因為這一切已在預料之中。如同遇到大浪也不會驚慌或害怕，反而會像興奮衝浪的衝浪者一樣。

如果認為遇到坑洞或下坡路不是不幸，而是生活的一部分，即使風浪再高也能擁有無所畏懼、盡情享受的心態——對這樣的人來說，所有的「當下」都會像一份禮物。這樣的人，能欣然接受每個如禮物般的當下，並坦然地活著。

為了能欣然接受當下，我們需要有擁抱痛苦的勇氣。雖然這一切並不容易，但真心希望大家能鼓起勇氣，欣喜迎接當下所有的快樂和痛苦，同時堅定地守護這樣的心，並帶著這樣的心活下去。

> 我們的命運有時看起來像冬天的果樹。
> 即使這些果樹現在看起來不會長出綠葉並開花，但我們仍期望能變成那樣，並且知道總有一天會變成那樣。
>
> ——德國詩人　歌德（Johann Wolfgang von Goethe）

不被憂鬱和憤怒吞噬的法則

大腦的靈活度足以戰勝天性

接下來，我會分別告訴大家令人難過的消息以及充滿希望的消息。

讓人難過的消息是，在人類的群體中，確實存在心靈比較脆弱的人。在與他人經歷相同的悲傷時，這樣的人其憂鬱強度會比心靈較不脆弱的人高，共感能力也更強，容易將他人的痛苦視為自己的痛苦，因此情緒波動更大，低下的自尊心也會對其情緒產生影響。總之，有些人對外部刺激的反應比一般人更加敏感，所以生活相對痛苦，我也是屬於這一類型的人，所以才能寫出這些文章。

我們應該說這都是基因的錯嗎？即使大家普遍認為天性是無法改變的，但我還是想分享一個充滿希望的好消息：這種脆弱的特質是可以改善的，只要透過心靈的練習肯定能好起來。之所以這麼肯定，是因為大腦具備了「神經可塑性」這項特徵。神經可塑性是指，大腦其實是靈活且能順應環境改變的，可以依據我們的經歷產生變化，只是需要給它「努力」的時間。以下，請讓我再進一步說明。

我們依據天性所形成的習慣行事，成長環境或習慣都會強化我們的脆弱性。例如，若因為膽小而不敢嘗試新事物，導致經驗持續受限，性格也會因此更加小心謹慎。相反的，如果能有意識地累積新經驗，神經迴路就會重新形成，反覆練習新經驗後，新形成的神經迴路就會變強，那麼即使沒特別意識到，我們也會朝著新形成的習慣行動。腦神經會形塑出新的習慣，就像我們訓練動物，讓牠們習慣各種指令一樣。養成習慣，在大腦中創造出新迴路，並鍛鍊大腦，這樣即使不特別注意，大腦也會自動做出對自己有利的反應。

以容易陷入憂鬱的人為例，這類人習慣對自我進行批評，也就是會自動批判並貶低自己的言行。然而，這種潛意識的習慣也可以有意識地改變。當然，因為改變並不容易，所以一定要「有意識地」進行。對於自己說出的話語和做出的行為，有意識地做出肯定的解釋，並有意識地思考會讓自己心情愉快的想法。剛開始，你的大腦可能會認為：「咦？這不是主人習慣做的事！」我們也會因為這樣的抵抗而疲憊不堪（不能在這個階段倒下！）。但如果能持續重複此過程，熟悉之後，即使不特別注意，也能產生正面的解釋和想法。如此一來，就能削弱腦中容易陷入憂鬱的迴路。原有的神經迴路會弱化，並開闢出新的迴路。就像在人煙稀少的山區，如果人們持續開拓，自然就會開闢出一條路。

在做出反應前，先提早覺察情緒

了解神經可塑性後，我們就進入正題吧。現在，讓我們來了解該如何調整情緒。尤其是最近社會上常見的情緒問題，也就是「憂鬱」和「憤怒」。以下，我想和大家介紹調節這兩種情緒的方法。

(1) 請不要討厭情緒

所有的情緒都是正常的，這些情緒都只是「事實」，沒有必要追究對錯。我們每個人都會隨著不同狀況顯露出不同的情緒，只是強度的差異而已。如果內心感受到某種情緒，無論是羞恥、厭煩還是憤怒，這些情緒本身都沒有好壞之分。「正面的情緒」和「負面的情緒」都只是人類自己的分類。情緒本身是中立的，我們卻將它們貼上「消極」或「積極」的標籤。所以，如果產生被歸類為負面的憤怒、煩躁、憂鬱等情緒，我們往往會因此厭惡自己，這個痛苦是我們自己造成的。

我們對情緒做出評論，因此產生了更大的問題。這種因情緒而產生的情緒，稱為「次級情緒」。例如，當我們產生了憂鬱和憤怒的情緒時，多數人都不喜歡這種情緒，所以會感到煩躁或不舒服。憂鬱和憤怒是無罪的，但是多數人都想抑制這種情緒，因此而陷入更深沉的憂鬱和憤怒的泥沼中。越抗拒情緒，情緒就會越強烈，也越折磨人。

因此，請把各種情緒想成是「有生命的孩子」吧。我們所感受到的每種情緒都是我心裡的孩子，就像我們的五根手指頭，每一根都一樣重要；情緒也是，每一種情緒都很重要。這些孩子只是想得到關注，並登上心靈這個舞台而已。因此，生氣時，請不要以「這不是讓人心情不好的事，我為什麼這麼生氣」而責怪自己，反而可以想著：「啊，憤怒這個孩子登上舞台了！」如此一來，舞台上的憤怒還沒來得及大鬧一場，強度就會隨著時間下降，因為它達到目的，得到了你的關注，所以便會逐漸消失。

(2)拉長刺激和反應之間的距離

如果受到刺激，就會產生「情緒」反應。比如，下雨時（刺激），會感到憂鬱

（反應）。另一半不接電話（刺激），會感到焦慮（反應）。父母嘮叨（刺激），會感到煩躁（反應）等。一般來說，對刺激有情緒反應是必然的，所以我們經常能聽到以下這些話。

「因為那傢伙挑起是非，所以我很生氣！」

「考試落榜了，我好鬱悶。」

就像這樣，我們在刺激與反應之間建立了一層因果關係，也就是以他人挑起是非、考試落榜為名，而將我的憤怒和憂鬱正當化。但是，對刺激有反應只是一種習慣，而非理所當然。即使有人挑起是非或考試落榜，我們也不一定得感到生氣或絕望，只是我們過去習慣了這樣的反應而已。

那麼，受到刺激時我們該怎麼辦呢？受到刺激時，我們應該在立刻反應之前，先做好一項工作。面對任何刺激，我們都能做出有對自己有利的解釋，也有機會調整情緒的強度，因此，首要工作就是將收到刺激後和做出反應之間的距離拉長。唯有如此，我們能調整的空間才會變大。

為了拉長刺激和反應之間的距離，我們需要做的就是「覺察」。平時要握著心靈的方向盤，不能讓它處於自駕模式。要有意識且敏銳地觀察自己的心，這樣才能察覺自己情緒的動向或變化（只要持續練習正念，就可以「覺察」）。那麼在受到刺激的當下，就可以覺察自己的情緒狀態，並進行調整，不會被情緒牽著鼻子走。

請想像一下，當憤怒情緒到達十級時，自己可能會做出不知不覺對別人吼叫的反應。然而，如果在達到十級前的第二、第三級，我們就能察覺出憤怒的情緒，那麼就可以先在心裡採取某些措施。

A因為容易暴躁的習慣而倍感苦惱，每當金課長在公司做出讓A不順眼的行為時，A都會不自覺地感到憤怒。在家中，A也因為容易對妻子的言行發火，所以夫妻經常吵架。但如果A能夠仔細觀察自己的心理狀態，覺察出情緒的走向，即使金課長做出讓他不愉快的行為，他也能意識到「啊，我的心開始煩躁了」，並轉移注意力，或者思考：「如何在不傷害關係的情況下，指出課長的問題呢？」另外，即使妻子的行為會讓人心情不好，如果不馬上失去理智發火，而是暫時去兜兜風，就有餘裕思考是否真的有必要動怒。情緒不是從一開始就以十級的強度攻擊我們的心。因此，如果在初期就能覺察自己的情緒，就更容易做出調整。

反之，如果在自駕模式下失去對心靈的控制力，就會隨之產生不情願的暴躁，經常發怒，並做出讓自己後悔的事，這就是心靈被情緒牽著鼻子走的狀態。但如果有意識地持續察覺自己的內心狀態，就能知道該在何時調整情緒，並在調整後，說出「選擇」過的話，做出「選擇」後的行為。這就是成功掌握心靈方向盤的狀態。

刺激和反應之間是有空間的。
我們在這個空間的選擇，決定了我們生活的品質。
——精神分析學者　維克多．佛蘭克（Viktor Frankl）

培養「習慣觀察內心的自己」

調節情緒的兩種方法，重點都是在培養「會觀察內心的自己」。不討厭自己的情緒，珍惜並細心覺察自己的情緒，這些都是「觀察內心的自己」要做的工作。好似我們的身體內有一個觀察者，他能退一步觀察自己的感覺、情緒和想法。觀察者的能力就是調整情緒的關鍵。另外，這也是幫助自己建立關掉自動駕駛模式的方法（關於自駕模式，請參考前面的〈照顧那一顆混亂不安的心〉）。

現在，請暫時閉上眼睛，即使只有五秒鐘，也請看看自己的心，觀察自己的狀態。你能覺察到「自己閉著眼睛」嗎？審視自己時，我們會感受到身體的各種感覺（熱、僵硬、疲憊等），也能觀察到自己的心理狀態，甚至會發現自己腦中不斷浮現許多想法。然而，如果沉浸於這些想法中，雜念就會連綿不絕，讓我們迷失方向。

因此，只要觀察就好，只要知道「原來我有這種想法啊」即可，也請不要責備或批評自己分心，就這樣看著自己的心就可以了。處在觀察者的狀態越久，觀察者的力量就越大。若是想培養觀察者的力量，就必須使用正念和冥想的方法。

停止批評自己的心，只要「觀察」就好

對，這就是掌握心靈方向盤的方法，很簡單吧。但對於平時總是被許多雜念纏身的人來說，這項練習應該不容易，不過每個人都需要反覆操作熟悉。唯有如此，大腦才能記住這個習慣，並培養自動處理的迴路。到時候，即使我們不刻意努力，大腦也會為了心靈的平靜而行動。這就是為了掌握心靈方向盤，我們所要前進的方向。

現在，我們已經了解調整情緒的基本技巧，接下來請大家集中精神培養內心的觀察者吧。請隨時記得自己的內心有個觀察者，這名觀察者會在憂鬱和憤怒來襲時，守護你的心。

從「不再強迫自己親切」開始

不需要努力保持親切的理由

美國作家茹比・韋克斯（Ruby Wax）在其著作中，描述了透過正念克服憂鬱症的經驗，並寫下了「非正念清單」，清單中的第一項就是「成為親切的人」。對此我也同意，為了要成為他人眼中親切的人，而做出的行為，與照顧自己的心靈相去甚遠。

如果說正念是對於想法或情緒不做出任何判斷或評論，只觀察真實的自己，那麼「成為親切的人」就等於是以他人的眼光來控制自己。正念引導我們學習寬容的對待自己，相反的，強迫自己對他人表現親切，只會讓我們撻伐自己，讓我們心中不斷出現對自己的批評。

也許你會質疑，展現親切並不是壞事。沒錯，關懷他人的基本親切不是問題，但這和「努力討好別人」的親切是不一樣的，在此，我想談論的是後者。

想成為「好人」的謬誤

心理學家多莉．楚（Dolly Chugh）表示，我們應該放棄努力成為好人，理由之一是，「好人」這個語詞存在著二分法的觀念。內心深處希望自己看起來是好人的想法，事實上是將人以二分法劃分的尖銳標準。例如，「不是好人就是壞人」、「不是認真的人就是懶散的人」等等。因此，如果自己看起來不像好人，就會被認為是壞人，這種不安會讓人的內心更加執著。再加上這是潛意識的反應，所以連自己都不會意識到。因此，多莉提出了質疑：「好人的標準究竟是什麼？」

每個人認為的好人標準都不一樣。有些人只要對方對自己好，也許就會把對方視為「好人」。但若是強迫自己以這種主觀標準為依據，不僅對自己殘酷，也不可能成功變成好人。當我們努力滿足對方所有的要求卻失敗後，我們的心就會因此疲憊不堪。

所以，應該停止這一場讓自己看起來像「好人」的表演，並真誠坦率地行動，同時從失敗中學習，這才是成為更好的人的方法。如果不對自己誠實，就不知道自己真正需要改善的是什麼。

就算是被大多數人所認可的人也會犯錯，任何一個人在不同的情況和脈絡下都可能會犯錯。承認錯誤並往前邁進，或是停下腳步並反覆犯錯，你想選擇哪一邊呢？

> 事實上，拚命希望自己看起來是好人，想脫離壞人的範疇，並不會給自己從失誤中學習的機會。
>
> ——心理學家 多莉・楚

比起因為害怕挨罵而裝好人，堂堂正正地挨罵、成為更好的人不是比較好嗎？像這樣「挨罵後慢慢成長」，就能累積經驗並打造出更好的自己。

為了迎合他人而忽視自己的情緒和欲望

想成為好人最大的問題就是，我們的心會因此感到難受。別說是成為「更好的自己」了，為了強迫自己成為好人，不僅連心都會受傷，更可能讓心靈更加脆弱。因為努力成為好人時，我們容易忽略自己的情緒和欲望，並把重點都放在他人身上，以滿足他人為目的，以至於無法察覺自己感受到什麼、想要什麼。

在放棄覺察自己的想法、情緒和欲望的瞬間，我們的心靈就會陷入危險。真正的情緒和欲望會被壓抑，也許能暫時以這種方式與他人維持良好的關係，或許也能得到他人的喜愛，但是被抑制的情緒總有一天會爆發。壓抑情緒並不是打造良好關係的方法，而是會使心靈生病的捷徑。

我們心中產生的一切情緒都是對自己發出的訊號。我們會因為他人的行為受到許多刺激，因而引起各種情緒反應。因此，在與他人相處的過程中，我們更能看清楚自己的內心，所以更應該藉此觀察自己是否有不愉快的情緒、產生了什麼樣的欲望，並採取適當的措施。如果為了成為好人而無法察覺這些訊號，那就無法藉由情緒掌握自己。

我們既不是好人也不是壞人，世界上沒有了不起的人，也沒有不起眼的人，大家都是偶爾會犯錯、有時會失約的平凡人，所以不需要把自己囚困在「好人」的框架裡折磨自己。即使不想成為「差勁的人」，也沒必要掙扎，請在犯錯後坦率承認，挨罵後從失誤中學習，成為對自己來說夠好的好人，就夠了。如此，我們就能成為比現在更好的自己，並持續走在成長的道路上。

再次提醒各位，如果你之前一直努力想讓自己看起來是好人，現在就請先放下這樣的努力吧。

請傾聽身體說的話

了解自己的身體

我們對自己的身體了解多少呢？我們經常以身高、體重、體脂肪等數字描述自己的身體，這讓身體就像學生時代的成績一樣，被放在評量表上。「太胖了！要減肥！腿好短！臉太大了！」這些評斷都讓這副身體成為被威脅和嫌惡的對象，也成為可以用抽脂手術切割或醫美整容的對象。在那些評斷、修正並切除的過程中，我們有多了解自己的身體？我們與身體的關係又有多緊密呢？

身體比想像中更了解我們的心靈。然而，我們往往不想了解自己的身體。依據英國精神分析學家蘇西．奧巴赫（Susie Orbach）的著作《被困在身體裡的人》（*Bodies*，暫譯），身體內擁有的兒時記憶、父母的教養方式等，對我們造成的影響比想像得要來得多。事實上，我們無法回憶起四、五歲以前的事，但身體裡卻存在相關的記憶，身體的習慣動作或姿勢的痕跡也還在。另外，如果經歷極度的壓力事件，且當時的神經反應無法消除，就可能會遺留在體內，並持續引發心理上的後遺症。因此，在治療創傷的時候，多採用以身體為基礎的治療方式。

我們的身體承載著很多東西。為了調整情緒，首先必須理解並珍惜身體。

身體與心靈能互相溝通

許多壓力性疾病也被稱為「神經性」疾病，意思是身體會因為心理問題而感到不舒服，反之亦然，身體不舒服，心靈也會變得脆弱。身心就是這種互通有無、彼此影響的關係。因此，心裡越不舒服，越要照顧好身體；身體越是疲憊，越是要照顧好自己的心，讓彼此之間形成良性循環。

但是我們的行為往往與理想狀態相反，如果心裡背負著壓力，有些人可能會透過攝取刺激性食物或菸酒，暫時從壓力中解脫，但是第二天卻會因為宿醉而痛苦，難以提起精神，反而摧殘了身體。相反的，一旦身體感到疲倦，心情就會立刻陷入憂鬱，當身體失去恢復活力的機會，心情又更加憂鬱。

接下來，我們來看看現代人最常罹患的心理疾病，也就是憂鬱症。透過研究證明，能改善憂鬱症的代表性方法，就是讓身體行光合作用與跑步。藉由跑步活動身體並吸收陽光，可以預防且改善憂鬱症。我相信這個能打造健康身心的方法，不僅經過科學認證，也是所有人都會認同的方法。

雖然現代文明讓我們的生活條件更加舒服，卻不見得對我們的精神也有好處。相反的，因為電子設備和網路便利帶來的誘惑，我們也許更需要打起精神，並照顧好自己的身體。請記得，照顧身體就是照顧心靈，顧好心靈也能保護身體。

傾聽身體說的話

我之所以提出與身體相關的討論，是因為在處理心理方面的問題時，透過身體絕對是最簡單且明確的方法。所以與其評斷、討厭自己的身體，不如側耳傾聽身體想跟你說什麼。

> 很少有人能聽到身體對我們說的話，因為我們沉浸在內心不斷湧出的想法中。身體呈現的不是我們未來可能的模樣，而是描述我們現狀的絕佳指標。
>
> ——茹比・韋克斯，《全新六週正念練習法》（*A Mindfulness Guide for the Frazzled*）

請記住，身體是讓我們能掌握心靈資訊的珍貴存在，請隨時觀察一下自己的狀態以及身體的感覺。從是否皺著眉開始，仔細感受一下脊椎是否端正、臀部接觸椅子的感覺如何，並且在需要的時候，以下述的簡單方法透過身體照顧心靈。

(1)焦慮時透過呼吸放鬆身體

許多人認為，唯有解決引起焦慮的問題才能從焦慮中解脫。但是越思考這個問題，只會越焦慮，因為通常這些都是我們絞盡腦汁也無法立即解決的問題。這時不要讓自己陷入雜念，練習放鬆身體反而更有幫助。感到焦慮時，或者發現某個問題正在腦中形成的瞬間，請觀察身體的反應。此時的你，是否姿勢有些扭曲、身體有些緊繃、呼吸也比較急促呢？這時請閉上眼睛，有意識地放鬆身體，並深呼吸。每次呼氣時，請在心裡說：「我現在感到很舒服。」重複十次左右，仔細觀察身體的變化。如果發現身體已經平靜地放鬆了，就將注意力再度集中到工作上。

(2)雜念太多時，請輕拍身體，並感受這樣的感覺

將注意力集中在身體，擾人的雜念就會失去操控我們的力量。我們用以下例子來思考，你就會發現這個道理其實很簡單。當我們頭痛或牙痛時，只想集中全部的精力緩解疼痛，此時實在很難把注意力放在其他事情。由於身體的感受是非常強烈的，所以會讓其他雜念失去力量。也就是說，消除雜念最簡單的方法，就是讓自己將注意力集中在「當下」，利用身體的感覺，將注意力集中在身體上。

如果發現自己沒能專注於「當下」，請用右手食指指尖沿著左手背、手腕、手肘的方向一直往上至肩膀，輕輕拍打每個部位。換手重複同樣的動作，同時感受一下輕輕拍打身體的感覺。專注於一種感覺，就能從各種雜念中解脫，完整地停留在「當下」。

(3)受失眠折磨時，請做身體掃描

身體掃描（body scan）是以正念為基礎的壓力緩解方法之一。此方法是從身體的一端，如腳尖或頭頂開始，關注身體的每個部位，並觀察身體的感覺。通常掃描的順序是「腳趾頭↓腳掌↓腳踝↓小腿↓膝蓋↓大腿↓骨盆↓腹部↓胸部↓肩膀↓脖子↓臉↓頭」。就像慢慢掃描身體一樣，請從腳到頭覺察自己身體的感覺。此方法對失眠療效特別好，晚上躺著睡不著時可以試試看，或許能幫助你平靜舒適地進入睡眠。

調節心靈的必殺技——身體的放鬆

就在敏銳觀察身體變化的同時，我對自己的身體有了新的發現。經常感到焦慮的我，在開始觀察自己的身體後，才發現原來我在感到焦慮前，會先有心跳加速的身體反應。對於這樣的身體反應，我會以「焦慮」來解釋。以前我只能感覺到「焦慮」的情緒，沒能先察覺到心跳加速的反應；現在則可以先覺察到「心跳加速」的身體反應，並有意識地深呼吸，直到速度變快的撲通聲再次回到平穩的速度為止，如此一來，我的心就會在不知不覺中平靜下來。

如果我還像以前一樣，就會陷入因為「焦慮」而起的一連串雜念中，導致焦慮感更進一步增加。

我們通常認為情緒源於想法，但是身體反應同樣會誘發情緒，而被誘發的情緒則會再帶來某些想法。例如，心裡感到焦慮時，常常會想到更多令人不安的人生問題。然而，如果理解身體反應會誘發情緒，我們就可以避免被情緒欺騙，陷入不必要的消極想法中。因此，讓身體和自己站在同一陣營非常重要。

現在，大家應該已經充分了解舒服的身體狀態能帶來平靜的心。所以請記住，為了保持穩定的心，「身體的放鬆」永遠是最重要的，那是調節心靈的必殺技。

如果你之前因為在意他人觀看自己身體的眼光，而嚴苛地對待自己的身體，希望你務必藉此機會和自己的身體親近。以關注身體代替評論身體，並帶著好奇心，就像欣賞自己喜歡的東西般仔細觀察身體吧。這樣就能感受到之前不知道的感覺，同時也可以了解更多關於自己心靈的訊息。

希望大家以後不要再以他人的視線囚困自己的身體，而是好好與身體相處，讓身體成為自己最堅實的後盾吧！

Chapter 3

不做評斷時
就變得安定的心

與不冷不熱的天氣一樣的心情

心不冷不熱時，我們才會感到舒適

炎熱的夏天過去了，現在已經進入了秋天。雖然白天陽光還是炙熱，但早晚都能感受到涼爽的氣息。過去，這樣不冷也不熱的天氣讓我覺得很舒服，甚至和當時還在一起的先生，將這樣的天氣取名為「不極端的天氣」。炎熱的夏日或嚴酷的寒冬過後，春秋兩季都能短暫感受到「不極端的天氣」，真的很好。

如同這樣的氣候帶來的舒適感，我們的心也是如此，不過冷不過熱的心最能讓我們感到舒服，因為這就是心靈原本的狀態。

有時，我們會誤以為「幸福」就是巨大的開心或喜悅，並認為幸福與快樂是劃上等號的，所以認為自己必須要幸福，並願意為獲得幸福付出行動。取得成就、交朋友、購物、吃美食或抽菸喝酒，這些都是想讓心情變好的行為。但這些事情的特點是：從中獲得的快樂難以維持，因為那不是心靈原本的狀態。

幸福，與其說是透過某種成就獲得的，還不如說是找回自己原本的心，因為心靈處在原本的狀態就能幸福。寧靜、平靜、平和都能使我們幸福。仔細觀察，當我們的心沒有任何動盪時，心靈其實非常清朗。那時的心就像清水一樣清澈，沒有受到任何汙染，乾淨透明，處在「空」的狀態。

但事實上，大部分時間，我們的心都是處在什麼樣的狀態呢？通常是雜亂無章的狀態，就像平安夜的明洞街頭一樣，充滿混亂。許多不連貫的想法糾結在一起，這讓我們的心靈太過於忙碌，總是想東想西，沉溺於不同的想法中。

為了穩定自己的情緒，我們需要讓心恢復到原本的狀態，就像不冷不熱的天氣一樣，不沉溺於極端情緒的心靈，就能感到平靜。

如何擁有一顆平靜的心呢？有幾個很好的比喻可以幫助我們理解，這也是我向周遭的人解釋此概念，或在以「焦慮」為主題的演講中，常使用的說明方式。在此，先為各位介紹其中一種比喻。

不搭上公車，只須看著公車遠去

雜念的特點是，一旦開始在意它的存在，它就會在你的腦中無限延伸。大家有過已經在床上躺好準備要睡覺了，卻因為雜念接踵而來，所以一直睡不著的經驗嗎？那是因為我們搭上了「雜念的公車」。若把雜念想成是公車，我們常常會不由自主地坐上那輛公車，但我們不是公車司機，只是乘客，所以公車會沿著路線前進，直到我們下車為止。

佛教裡有個「無我」的概念，意思是沒有自我，你覺得這個概念很不可思議嗎？我明明就在這裡，為什麼會沒有我呢？但是，如果我們的心真的是自己的，為何會無法隨意控制雜念的來去呢？

拋開真實與否，神奇的是，越是執著於「我的」這個概念，就越難控制自己的心。越是認為「我的心等於我」，心就越難受。相反的，只要退後一步，與自己的心保持一點距離，客觀地觀察，就更容易調整情緒。這也就是正念和冥想的原理。

不把「我的心」當成是自己的，而是對待它像對待他人的心一般，也就是「他者化」，這可以讓我們客觀地觀照自己。我們也可以嘗試這個方法，幫自己的心取個名字。例如，我把自己的心取名為「馬鈴薯」。因此不是「我生氣」，而是「馬鈴薯生氣」，不是「我感到憂鬱」，而是「馬鈴薯感到憂鬱」。因為主詞不是「我」，而是「馬鈴薯」（或其他名字），所以生氣的不是我，而是馬鈴薯。如此一來，我們就能與心中的情緒保持一點距離，也因此更容易擺脫情緒。

現在能理解公車的比喻了嗎？把從心中產生的情緒和雜念當作一輛輛公車，這輛滿載雜念的公車與我無關，它只是在既定的路線上行駛過去而已。當心中的雜念浮現時，我們可以看著這輛公車經過，卻沒必要上車，只要確認一下公車號碼就好，你可以這樣想：「是二七二路公車啊，我不想坐上這輛公車（我不想陷入這個雜念）。」只要這樣觀察不上車，公車就會駛離，並慢慢消失。

如果你有想搭公車的衝動，或者你似乎已經坐上了公車（大部分的情況都是已經坐上公車了），一察覺到時，請馬上將注意力拉回自己的呼吸或身體的感覺上。因為我們的大腦無法同時專注於思考和感覺兩件不同的事情上，所以打斷雜念最簡單的方法，就是把注意力轉移到他處。請觀察自己，並確認自己的呼吸是平穩還是急促，再確認身體是僵硬或是放鬆，這些動作是幫助自己確認自己的存在（這不是最重要的嗎？）。這樣一來，我們就已經透過覺察身體的感覺而脫離雜念，剛剛陷入的那些雜念都不是我的，請一定要記住這一點。

我們的大腦一次只能專注於一件事，有時看似能同時思考許多事，但事實上，注意力只是以非常快的速度從這個想法跳到那個想法，如此移轉而已。我們的心會因此變得非常忙碌，也會消耗過多能量，並因此感到疲勞。

心裡的雜念就像打地鼠遊戲中的地鼠，經常毫無預警地突然冒出來。若是需要敲打所有地鼠，會讓我們身陷疲憊的狀態裡，所以沒必要一一打碎這些雜念，只要覺察就好。

每個人的心中都住著許多小孩，對孩子來說感受到「被關心」非常重要。孩子有時會哭，有時會害怕得縮成一團，有時則很開心，無論何種情緒，孩子最需要的是獲得關心。「〇〇原來心情不好啊」、「〇〇今天看起來心情很好！」像這樣理解孩子，他們就能保持平靜，不會在恐懼或悲傷中掙扎。但是如果不覺察這些情緒，孩子們就會陷入深深的悲傷和害怕中。用觀察孩子的方式來觀察自己的心吧！這樣就夠了，只要知道自己現在的情緒為何，正要陷入什麼想法即可。

雜念就像無數台駛去的公車，我們這一秒搭上這輛公車，下一秒又搭上那輛公車，就這樣陷入來往的雜念中。請回到原本平靜的心理狀態吧！希望大家都能享受那份寧靜，並體會到幸福。

被指責的心無法湧現力量

「批評」我們的終究是自己

如同前文，大家已經仔細觀察自己的心究竟發生什麼事了嗎？當雜念紛起時，不用隨之起舞，即使公車經過，也只要仔細觀察就好。

多數人談到恐懼時，都會想到同一件事，那就是「別人會怎麼想」的恐懼。更具體地說，就是害怕來自他人的指責。

若我們退後一步，觀察這個想法，就會看到在這個想法背後，是那個害怕挨罵或被指責的自己；更廣泛來說，就是在意他人眼光的自己。但是那些眼光和指責的聲音，其實都源於「自己」。事實上，直接被他人批評的情況通常不到百分之十，會指責我們的終究是自己，會讓我們害怕的也是這種想像中的批評。

在這樣的脈絡下，憂鬱可能源於極度自我中心的狀態。以自己為中心想像他人評論自己的眼光，並陷入這樣的想像中，自然無法避免憂鬱的情緒。

- 他好像討厭我。
- 他似乎在嘲笑我。
- 我的外表似乎不怎麼樣。

如果心中不斷出現這類臆測的評論，我們就會陷入憂鬱的泥沼。然而，這些評論都不是他人的想法，因為我們心裡所有想法的主體都是源自「我」，我們只是將這些包裝成他人的想法而已，卻也因此讓我們看輕、討厭，並嘲笑自己（因為憂鬱可能源於各種事件，所以解釋憂鬱必須非常謹慎，本章節是在「自我批評」的範疇裡討論憂鬱）。

因為忙著「評論」自己，所以心很疲憊

我們不僅會進行自我批判，多數想法也都是在「評論」其他人事物，以下舉幾個例子。

- 看著在公園散步的小狗，心想：「哇，小狗好可愛喔！」
- 在地鐵上看到與自己對視的人，心想：「那個人為什麼看著我？表情好奇怪喔，真讓人不舒服！」

● 看著電視裡的藝人，心想：「哇，那個女藝人真美，好好喔，她的生活應該很幸福吧？」

● 看著電視購物頻道，心想：「這個一定要買！（打開手機）該不會賣完了吧？快點快點！」

想得越多，不間斷的評論越容易浮現，如此一來，我們的心非常忙碌，消耗的能量也很大，當然會很疲憊。

前面我們把心中浮現的雜念比喻成公車，在這裡，就把這些評論比喻為一顆滾動的大球吧。還記得小時候運動會的趣味競賽中，滾過那一顆比自己還高的球嗎？沒錯，就是「滾球競賽」。無論我們遇到誰、看到什麼情況，都是不斷在腦中下著「喜歡、討厭、好煩、好羨慕」的不同評論，就像用力將那一顆大而沉重的球推上山坡一樣。這是比滾球趣味競賽更難的比賽，光想就覺得辛苦。有的球要推上名為「厭惡」的山坡，有的球要往「嫉妒」的山坡前進，有的則是要推往「恐懼」的山坡。

然而，如果我們選擇不將球推上山坡，只是看著那顆大球的話，球就會自己滾走並消失。也就是說，如果能後退一步，客觀看待我們遇到的所有人事物，不加以評斷，心就不會陷入疲憊，也不會為此消耗多餘的能量。

被指責的心如何打起精神？

我們先假設有個人總是會不斷批評自己，不論做某些事或不做某些事，都會像下文這樣評論自己。

- 「我今天又賴床了，怎麼這麼懶惰，我的人生完蛋了。」
- 「報告寫得好爛，又要挨罵了。」
- 「已經晚上了，整個週末我什麼都沒做，太不像話了。」
- 「我為什麼沒辦法做好？」

像這樣，將自己的所有行為都評斷為「不像話」、「不堪」，不斷將沉重的大球推上名為「不像話」的山坡，因此費了很大的力氣，心也更疲憊。疲憊的心是不會有力氣照顧自己的，這樣的邏輯很容易理解，經常被指責的心怎麼可能打起精神呢？

如同前面的說明，唯有讓心靈回到原本不冷不熱的狀態，我們才能保持平靜。心靈原本狀態的其中一項重要特徵是「不批判」，也就是不評論任何人事物，換句話說，就是將心中浮現的一切原封不動放在心裡。能客觀看待我見、我聞，以及所有我經歷的事情時，心靈才會平靜。

但是我們往往喜歡藉由不斷為他人貼上標籤，進而做出評斷：「討厭那個、喜歡這個」、「他不怎麼樣」、「我喜歡他」，「想和他變得親近」，即使是才剛見面的人，我們不也會把對方分類為「好人」或「壞人」嗎？這些全部都是評論。

不評論時，我的心就會安定下來

我之所以想到把球推到山坡上的比喻，是因為想起了薛西弗斯的神話。希臘神話中的薛西弗斯是人類中最賢明謹慎的人。但是，他因為得罪了神，所以受到處罰。這個處罰是要不斷把巨石推上山頂，好不容易推上山頂的岩石又會不斷滾落，所以他必須回到最初的位置再將巨石往上推，日復一日，直到永遠。

法國哲學家卡謬（Albert Camus）曾以存在主義解讀此故事，即使沒聽過卡謬的分析，也可以理解此故事象徵了人類每天重複的疲憊生活。想想果真如此，我們的生活不也如此勞累且無止境？

但若能放鬆心情，即使日常生活瑣碎反覆，也不會覺得過著像奴隸一樣的生活。為了放鬆，我們有必要改變在腦海中不斷評論事物的習慣，尤其要避免評斷自己。如果我們能將批評自己所消耗的能量集中起來，用於安慰並照顧自己，我們就會變得更好。

「不評論」也是正念的核心。如果不做評斷地感受「當下」，我們的心就會是平和的。當我們能客觀看待並認可自己時，心靈就會變得安定，甚至感到舒適。

我們往往害怕他人批評自己，但實際上，批評我們的卻是自己，請從今天開始停止這種艱苦的滾球運動吧！請尊重自己原本的樣子、行為和情緒，此時大球就會自動滾走消失，我們的心也會回到平靜的位置。

請寬容看待自己的暗影

重新看見過去忽略的事物時，變化就產生了

當我們能重新看見之前忽略的事物時，我們的心就會開始產生變化。過去心中只有自己的孩子，如今看到了父母的背影；原本只想被服侍的人，現在能看到勞動者的辛苦；之前很常經過的巷子，現在經過時看到了飢餓的野貓……，不論原因為何，這些都是我們的心正在改變的證據。心靈成長後，光線能照到的範圍更廣，我們所看到的世界也會更立體。當我們開始能把目光投向過去沒有光線照耀的地方時，可以把這種變化稱為「成熟」。

對自我的看法也是一樣的。我們往往認為了解自己，但實際上，常常只看到自己的某一個面向。至於他人看見的其他面向，自己卻常常看不見。缺點和弱點就是如此。因此，當他人提起這些缺點時，我們往往會嚇一跳，甚至惱羞成怒。如果有人碰觸自己

不想承認的那一面，也就是我們潛意識中隱藏的部分，就會觸發我們的情緒反應。這是很常見的情況，也非常自然。然而，當我們開始注意那些指責，並反問自己：「真的是那樣嗎？」這時，有意識地重新審視自己，一切就會開始產生變化。

暗影，隱藏在我心中的另一面

我們內心很多部分都被隱藏起來，好像不存在一樣。

瑞士心理學家榮格（Carl Gustav Jung）將這種精神的陰暗面稱為「暗影」（shadow）。

每個人都具有多樣性，既有意想不到的一面，也有討人厭的一面，我們是具有許多奇特想法和行為的個體。但是在成長過程中，我們會自然而然了解規範和紀律，為了能適應這些社會規則，為了成為「善良且正直」的人，我們開始壓迫自己不符合規範的面向，並貶低令人羞恥且社會無法接受的部分。相反的，我們會強化能得到他人喜愛並被認可的部分，這個過程被稱為「社會化」。

例如，攻擊性強的孩子經過教育後，比起攻擊傾向，可能會展現出更多順從的面貌。他們會為了得到父母的愛，以及朋友和老師的認同，審查並修正自己。本性貪婪且嫉妒心強的孩子，接受幼稚園和小學的教育後，能與同齡的孩子合作，展現出和諧的一面。敏感又挑剔的人也能圓融地融入社會生活。然而，這並不意味著攻擊性、嫉妒心、貪婪、敏感等特性都從這些人身上完全消失了。他們只是有意識或潛意識地服從「要善良地對待別人、不能看起來太貪心」等命令，並持續過濾自己的樣子。時間久了，他們可能會認為「我是善良寬厚的人，我不貪心，而且很正直」，甚至達到鞏固自我形象的境界。因為唯有如此，自己才能被視為「好人」。

換句話說，一旦有了對錯、善惡的標準，以及愛和人情的概念，就會產生眾多規則，讓我們對自己嚴格，並以這些標準和規範，塑造自己的形象。所謂「暗影」指的就是在社會化過程中被擠入黑暗，並被疏遠的某些面向。這些內心的多樣面貌都是我們的一部分，但我們拒絕承認自己具有這些面向。相反的，我們只看到「有意識的自己」，也就是「自我」。

大家也是這樣嗎？為了成為善良的人或好人，是不是否定或壓抑了自己的很多部分？你覺得你的自我是什麼樣子呢？在修正自己的過程中，曾因為各種評論而猶豫是否要鞭策自己？我們因為怕被批評而壓抑了某些部分，有些則可能是自己也難以接受的，所以不想看到。

對自己嚴格才能邁向成熟的道路嗎？

在尖銳評斷並過濾自己的過程中，存在著名為「他人眼光」的匿名標準，我們無法確認這樣的視線是否存在，這就是為什麼我們越是在意他人的眼光，就越無法給自己溫暖。也難怪社會化後的我們，很難對自己寬容。

很多人認為，如果要成為偉大的人，就必須對自己嚴格，真是如此嗎？透過嚴酷的自我審查，也許確實在某方面取得了巨大的成就，但在此期間，對自己的了解又有多少呢？在社會標準下被公認為了不起的人，難道就能被稱為「成熟的人」嗎？

另外，越是嚴格要求自己的人，越會向他人提出同樣的標準，所以更難以對他人寬容。這些人會更嚴格地指出他人的消極面，因為區分好人和壞人的標準本來就很主觀，所以他們的眼裡更無法容下不符合其標準的人，也因此，這些人通常不會與心胸寬大劃上等號。不僅如此，如果也用這種狹隘的眼光理解自己，那肯定會出問題，因為心中的暗影並未完全消失。

否定並拒絕自己特質中黑暗的一面，就會不知不覺在內心的其他地方儲存並累積黑暗。最後可能會以憂鬱的情緒、身心疾病，或者潛意識激起的意外等形式釋放。

——羅伯特・A・約翰遜（Robert A. Johnson），《你的影子在哭泣》（*Owning Your Own Shadow*，暫譯）

尋求心理平衡，成為一個完整的人

如果我們真的想成長，就不該評斷並鞭策自己，而是應該用寬容的眼光看待自己。不要只從濾網中篩選出受他人喜愛的面向，那些不堪且讓人感到不舒服的部分，反而更需要擁抱，我們應該從擁抱陰暗面開始，擁抱自己。

我們努力不正視自己陰暗面的理由很簡單，就是因為害怕。我們害怕自己的醜陋，害怕自己的真面目被他人指責。然而，認知到那個面向的不堪與可怕，並不表示自己會成為奇怪的人，也不代表自己會崩壞。只要能覺察，就對自己具有正面的效果。

找到你害怕的東西。真正的成長就是從那一瞬間開始。

——瑞士心理學家 榮格

唯有可以擁抱自己的陰暗面，才能以溫柔的眼光面對世界。我們會停止尋找別人的缺點，並退一步思考：「我也有那樣的一面」、「是啊，也許我也會那樣」。我們可能還是會看到他人評論的眼光，但我敢肯定，一旦擁抱自己的陰影，就能開始溫柔看待原本的自己。

我曾看過引起熱議的一九九〇年代流行歌手梁俊日，他在《JTBC新聞室》受訪的模樣。三十年前，他沒能得到大眾的認可，甚至成為被批評的對象，差點被趕出韓國。那時他因為獨特的風格和音樂，以及旅美僑胞的身分，成為被歧視和厭惡的對象。當時的人認為他脫離了社會可以接受的範疇，他也因此感到很不舒服。但是對那段艱困的日子，他平靜地說：「我不再因為過去的事痛苦了，因為我得到了粉絲們真心的支持和喜愛，所以過去的傷痛已經不再折磨自己了。」

因為粉絲們溫暖的關懷，他可以擁抱那些非常痛苦且辛苦、想從人生中刪除的時期。如果他一直受到歧視和憎惡，也許會認為那個黑暗的時期是「黑歷史」。但是粉絲們給予的溫暖關心和支持，改變了他。

就像大家全心全意支持一位歌手一樣，希望大家也這樣支持自己。當我們以溫暖的眼光看待自己時，就能不冷落自己的任何一個面向，擁抱我們體內存在的光和影。

停止自我審查

既然人不是從印刷廠裡複製出來的，難免就會有彼此不合的地方。每個人生性都是充滿矛盾的。表面上親切，內心卻可能討厭某人；一方面努力過著樸素的生活，另一方面可能有極大的物慾。相處起來坦率且憨厚的人，在某些方面可能非常挑剔且敏感，甚至可能有著不被社會容忍的、陰險又黑暗的欲望。因為我們是人類，所以我們的心不會完全按照自己想要的方向走去。

發現自己的黑暗面時，我們總會驚訝：「天啊，我為什麼會這樣想？我絕不是那種骯髒的人！」但比起這樣無止境地自我包裝，我們應該想：「啊，偶爾也會有這樣的心情啊！」並學會接受。不要用覆蓋素顏的濃妝覆蓋自己，而是用更寬容的眼光看待自己的素顏，這樣一來，不僅對他人的理解會更加廣泛，對世界也會更寬容。

如果能像這樣，藉由鼓起勇氣發現並面對心中陰影的方式完全接納自己，那麼就代表你正在成長。希望大家收起過去嚴酷看待自己的「他人視線」，撫慰被疏遠的部分自己。成為一個完整的自己，就是從接受開始的。

沒有所謂錯誤的情緒

只靠大腦而非心靈生活的人們

大家遇過雖然聊得很開心，但還是有點距離感的人嗎？令人意外的是，朋友或家人之間也可能會有這種感覺，這是因為缺乏情緒上的連結，只用頭腦對話的原因。最常見的例子像是，有些父母在不斷確認子女有沒有寫作業的同時，卻沒有試著理解子女的心情。爭論是非時，有的夫妻會尖銳地指出對方的問題，卻完全沒有同理對方的失望或難過。也有人好不容易說出自己的煩惱，卻被朋友指責：「幹嘛看得那麼嚴重呢？」會發生這些情況，都是因為我們溝通時只用了大腦，卻沒有用心。

當人與人之間的關係有了情感上的連結時，我們就會感到親切。即使不說話，彼此一個眼神就能得到安慰，就是因為背後所隱藏的情感連結。然而，如果只用大腦溝通，就與商業關係沒有兩樣。

但是，很多人連與自己相處時，都是只用大腦理性評價、批評和分析的方式，完全感受不到情感。我們可以將感受和理解情緒的功能稱為「心靈功能」，分析和評價的功能則稱作「思考功能」。雖然只啟動思考功能的人看起來非常理性且沉穩，卻讓人感受不到親切和溫暖。在諮商過程中，如果問這些人：「你現在心情如何？」或「你感受到什麼情緒？」比起回答察覺到什麼情緒，他們往往更常對自己進行分析並提出意見。

舉個例子，一位六十多歲的女性諮商者，談到最近在聚會上意外受到眾人批評的荒唐經歷。對任何人來說，受到批評都是不舒服且難過的事，她在敘述時，我也能從她顫抖的聲音和加快的語速，感受到她激動的情緒。但是在我提到：「您現在說這件事時有什麼感覺呢？我們稍微暫停一下，感受一下您現在的心情吧！」她反而用更快的語氣表示：「說實話，我可以理解那些人，畢竟我閱歷豐富，不是嗎？」她在合理化整件事後，迅速歸納出結論，沒有提到自己的感覺，只是說出大腦中的想法。但在她的內心深處，應該仍希望能得到他人的理解，並充滿羞恥心、背叛感和恐懼等各種情緒才對。

像這樣，生活中只使用思考功能的人非常多，這些人只靠大腦生活。他們害怕感受情緒，且不善於理解自己的心情，雖然看起來理性且冷靜，但我反而為他們感到難過。與堅強的外表相反，在他們內心深處，似乎隱藏著一個非常脆弱且膽小的孩子。

直到薛利和東尼更加接近為止

電影《幸福綠皮書》（*Green Book*）中的角色「薛利博士」讓我有種熟悉的感覺。《幸福綠皮書》是以一九六二年的美國為背景，描述天才黑人音樂家薛利與白人司機東尼，他們在為期八週的巡迴演出時發生的各種經歷。電影生動地刻劃了兩人的友情和當時的種族歧視問題。

薛利博士是名聲和地位均受認可且獲邀巡演全美的音樂家，但他同時也是飽受歧視和偏見所苦的黑人。當時美國對黑人的種族歧視尚未消失，他參與巡迴演出時，南部依然有黑奴，種族歧視特別嚴重。因此，薛利博士為了不被看輕，為自己設立各種規矩，強迫自己展現理智且沉穩的一面。他與性格衝動且自由奔放的東尼截然不同。因此，兩人雖然長時間待在狹小的車裡，但在初期，兩人既不能相互理解，也無法順利溝通。

東尼毫無顧忌地表達情緒，薛利則始終帶著冰冷的表情，從這一點來看，兩人在情緒表達上其實都有障礙。東尼與妻子和朋友掏心掏肺，並建立深厚的關係，薛利卻不同，他不與任何人談心，在眾人間是個孤立的存在。東尼在寫給妻子的信中如此描述薛利。

「薛利是個很有想法的人，但看起來總是不開心。」

沒錯，跟我想的一樣，薛利是一個經常使用思考功能的人。相反的，東尼總是露骨地表現出生動的情緒。分別站在兩極的東尼和薛利，在電影中間開始產生連結。在東尼眼中看起來有些生硬的薛利，經歷了幾件事之後，開始坦誠地表露自己的情緒。

當薛利無法與白人相處，獨自喝著威士忌安慰孤獨，並用顫抖的聲音請求東尼陪伴自己，他哽咽地說：「我沒有充分的白人氣質，也不完全是黑人。」他向東尼坦白了自己的認同混亂，透過這些時刻，東尼才看到了薛利巨大的恐懼和孤獨。

東尼從薛利始終高傲抬著下巴、面無表情的面具底下，看到了他隱藏的真心。他慢慢開始用心對待薛利，兩人的關係也漸漸產生了變化。為期八週的巡演結束後，兩人之間終於像被一根不易斷裂的繩結連接了起來。原本不善察言觀色的兩人，不只心更接近，關係也更深了。

為了守護心靈，大家都穿上了防彈衣

薛利博士在電影初期表現出冷漠且倔強的樣子，對我來說並不陌生。在我們身邊，無論是在職場或家人身上都能看到。我們在日常生活中，經常會遇到用堅硬的外表警戒他人或保護自己的人。他們透露出不會向任何人表露心意的訊號。

就像薛利說的，他們大部分是為了防禦才那麼做的。為了守護自己的心，他們將防彈衣穿上了身。其實，雖然眼睛看不見，但大家都以各自的方式穿著防彈衣。

「防禦」就像一種保護裝置，能夠防止心靈受到傷害。因為如果沒有防禦措施，我們很難承受恐懼或憤怒等激烈的情緒。另外，為了節省時間和精力，當我們埋首工作和學習，或在社會生活中需要處理情緒時，我們必須與情緒保持適當的距離。為了能應付自己所遇到的情況並正常生活，我們經常使用防禦策略。

防禦策略有許多種類。「開玩笑」或「微笑」是常用的防禦策略。在對話過程中，如果出現過於沉重的話題或尷尬的沉默時，常會有人用玩笑轉換氣氛。另外，許多人往往不會將「擔心」或是「批評」說出口，或是採取說反話的方式，這也是一種防禦策略。當有人讓自己感到不舒服時，還有些人會乾脆保持緘默，也有人會突然變得很多話。這些都是保護自己不受情緒影響的方法。而最典型的防禦策略，就是前文提到的「乾脆切斷情緒，只啟動思考功能」，並透過批評或分析等方式，試圖因應所遭遇的情況。

問題是，防禦有時無法發揮作用，反而使自己更加痛苦。攻擊他人或自我批評的防禦方式會傷害自己或他人，過分切割情緒則會使自己不斷遠離自己。如果無法與自己的情緒連結，最終只會陷入憂鬱。薛利博士採取的防禦，最終讓他更加孤獨和痛苦。如果防禦是以這種傷害自己的方式運作，那還算防禦嗎？另外，因為過分防禦而耗盡能量，也是很大的問題。

不能脫下防彈衣的理由

如上所述，防禦策略並不能保護自己，但人們仍繼續使用的理由是什麼呢？有兩個原因。第一，因為不善於處理情緒。即使不想防禦，但因為不知道如何感受情緒，也不了解該如何照顧情緒，所以最終還是會用習慣的方式處理。第二，因為我們往往認為感受到情緒或展露情緒，都是不好的事情。

這兩個理由都與兒時經驗有關。我們處理情緒的方式會在人生初期形成。在我們非常小的時候，尚未學會任何防禦的方式之前，每個人都能夠完整地感受並表達自己的情緒。大哭、耍賴、害怕，甚至笑到喘不過氣。隨著成長過程，我們開始會在與主要照顧者的關係內，慢慢調整自己處理情緒的方式，透過父母或主要照顧的大人們學習。如果當時有充分被同理並被接納的經驗，就會懂得如何健康地處理情緒。舉例來說，如果當時聽到的是「○○很傷心啊」或「○○很生氣啊」等感同身受的回應，我們至少不會認為自己的情緒是錯誤的。

然而，很多時候，大人們對孩子們的情緒做出的回應多半是「為什麼這麼敏感？」、「怎麼會哭，真不像男人！」、「為什麼那麼害怕？」，或是「不需要這麼生氣吧？不要生氣！」站在孩子的立場上，因為激烈的情緒挨罵，感受到的不是情緒被尊重，而是情緒被否定，也因此會自然而然地解讀成「我的情緒不合適」，同時認知到比起學習如何處理情緒，更應該無條件地切斷情緒。經過這些階段，我們會漸漸相信「情緒是壞的」，所以有些人隱藏並忽視情緒，有些人則乾脆切斷與情緒的連結。每個人都安裝了各種防禦裝備。

情緒本身並不是問題

「情緒化的人」很容易被社會否定，但如何照顧自己的情緒才是問題所在，情緒本身並不是問題。另一方面，如何感受、理解並表達情緒則是另一個重點，這並不表示要壓抑憤怒；盲目地發洩憤怒雖然不好，但也不必拒絕感受「憤怒」的情緒。意識到自己生氣，並選擇如何因應是非常重要的課題。如果忽視情緒，最終都會付出代價。

不懂得照顧心靈的人，小時候往往有許多情緒無法被接受的經驗。如果沒有從主要照顧者那裡得到情緒被尊重的經驗，就很難學會接受自己的情緒。這也和文化有關。一直以來，韓國社會認為隱忍是美德，不該表露自己的喜怒哀樂。與西方人相比，東方人的情緒表達範圍受限，也是源於同樣的價值觀。因此，雖然我們擁有維持撲克臉的才能，卻失去感受自己真實情緒的能力。最令人遺憾的是，這也讓我們在人際關係中很難與人深交。在此指的不是工作關係，而是私人關係，思想功能與心靈功能需要恰到好處地融合，我們才能互相體諒並分享溫暖。這樣的關係對生活有很大的影響。

我誠摯地希望，不僅是大腦，每個人的心都能與對自己重要的人相連，建立起能從對方身上得到力量、自己也能給予對方安慰的關係。不再詢問今天是否有寫作業，而是更加關心孩子今天是否難過；詢問伴侶在職場上是否有煩心事，以及想了解對方是不是還有什麼難過的事沒說；希望用心理解朋友的痛苦……，我希望這樣的人能越來越多。光是想像著這些人變多的情況，我就覺得好滿足。

請記住，想達到這樣的境界，必須從理解並覺察自己的情緒開始。先從詢問自己以下的問題開始如何？覺得不舒服時，請在心裡問：「現在最讓我感到不舒服的情緒是什麼？」一天結束時，請問問自己：「今天最令我難過的事情是什麼？當時我的心情和主要的想法又是什麼？」就像媽媽溫柔地詢問孩子：「今天一整天過得如何啊？」像這樣慢慢開始練習，熟悉之後，就能更細心且頻繁地觀察自己。

希望大家都不要失去自己獨有的鮮明情緒。

像照顧孩子一樣照顧自己

向防彈少年團學習健康的自愛

同事帶了兩歲的女兒參加聚會。兩歲的孩子很可愛，雖然不熟練，但會自己用湯匙吃飯。大家一致稱讚：「哎喲，我們敏采好會吃飯啊！」所謂受寵的孩子，就是像這樣用個湯匙就能獲得認可。透過這種認可，孩子不僅能學會使用湯匙的技巧，也學到了韓文，並逐漸成長。處於成長期的孩子，無條件的鼓勵是必要的。

如果大人們也能得到這樣的認可和鼓勵該有多好啊。「太好了，今天也自己起床了。哇，今天也上班了！今天有好好吃飯。今天一整天都安然無恙，太好了！」如果每天都可以得到這種無條件的鼓勵，大人們也能有更多成長。但在大人們的生活中，不僅沒有鼓勵，反而有許多令人感到挫折的事。即使竭盡全力也很難找到工作、就算在公司努力取得成果，升遷時仍被遺漏。另外，也有許多必須看妻子臉色的先生，或看子女臉色的父母，他們往往在家中也得不到支持。不僅如此，最常批評我們的就是自己。

特別是近幾年景氣變差，大家好像對自己更嚴苛了，許多人總是對自己說：「要做得更好！要賺更多錢！要更漂亮！要變得更苗條！不能犯錯！」卻從不鼓勵自己。

我想告訴這些人，有關知名的偶像團體「防彈少年團」的故事。他們將上一張專輯的主題訂為「Love Yourself」，並與聯合國兒童基金會一起展開傳遞「真正的愛從愛自己開始」的活動。他們用藝術家能夠做到的方式，展現了正面的影響力。因為他們是世界知名的團體，粉絲非常多，所以影響力迅速擴大。但是，我推測，這樣的效果並不僅僅是因為他們的人氣，也因為他們是真心想把這樣的訊息，傳達給迫切希望得到愛卻無法真正愛自己的多數現代人。這個訊息具有很大的力量和必要性，而且是非常具體且明確的訊息。他們總是一有機會就清楚地傳遞此訊息。

以下是防彈少年團隊長RM在聯合國演講的部分內容。

「雖然我昨天犯錯了，但昨天的我還是我，即使今天我仍有不足之處，也犯錯了，我依然是我，明天的我就算變得更加明智，我仍舊是我……無論是今天的我、昨天的我，或是往後期望成為的我，我都愛，我愛所有模樣的自己。」

我們需要的，不就是愛自己的方法嗎？我們需要的不是那些鞭策自己的訓誡，唯有能夠接受不完整的自己，才能用健康的自我守護自己。只有這樣，在他人認為自己微不足道或毫無價值時，我們也不會倒下。該演講之所以有意義，是因為它精確反映了心理學領域也熱議的「自我照顧」（self-care）。

美國臨床心理學家塔拉．布萊克（Tara Brach）研究的主題與防彈少年團的專輯所要傳遞的訊息相同，都是「愛自己的方法」，她將研究結果寫成書，並在《自我照顧》（*Meditation & psychotherapy*，暫譯）一書中指出，因為自己現在的形象和自己制定的標準或社會的標準相差太遠，所以我們總是覺得自己不夠好，因此不斷被自我開發的信念所威脅。我們為了獲得「好媽媽」或「有能力的上班族」等標籤不斷努力。大家想必都有同樣的經驗，我們從小就為了成為「好人」付出不知多少努力，但這樣的努力似乎無窮無盡。

塔拉．布萊克表示，重點是認知到「原本的自己就是完整的」，只有接受這個觀念，才能盡情生活，盡情去愛。

這與防彈少年團的演講所要傳達的訊息不也一致嗎？犯錯且不夠完美的我、能夠變得更好的我，都是我，這才是完全接受真實的自己。

我認為，防彈少年團的演講比心理學家的話更容易理解。

自我照顧，是從不讓自己痛苦開始

自我照顧原本是指「停止思考讓自己痛苦的想法，打起精神，觀察自己的心靈，並認識真正的自己，最終愛上自己並擁抱世界」的整個過程。第一步是停止那些折磨自己的想法，所以塔拉．布萊克建議人們實踐有助於防止自我貶低和悲觀的「內觀式冥想」。

貶低自己的態度對照顧自己完全沒有幫助，因為如果不比其他人對自己寬容，就很難從別人那裡得到無條件的鼓勵。因此，「自我疼惜」（self compassion）對現代人來說是非常重要的關鍵字。尤其是筋疲力盡時，更需要對自己親切且寬容，這是為了獲得重新站起來的力量。

各種研究證實，提高自我疼惜的程度有助於降低憂鬱和壓力，因此自我疼惜是在心理諮商時經常實際運用的方法。但並不是一定要接受心理諮商才能提升自我疼惜的程度，自己也很容易實踐。

最簡單的方法，就是在與自己對話時使用自我疼惜的語言。「語言」是推動人類前進的強大武器。人可能會因為語言而死，也能因為語言而活。請回想一下，是否曾因為某人所說的一句話而受傷？相反的，是否也曾經因為他人一句溫暖的話得到安慰？就像這樣，語言在我們大腦刻劃的瞬間，必然對我們的心靈產生強烈的影響。

因此，只具備自我疼惜的心是不夠的，必須用言語表達出來。我們可以對自己說：「做得好！辛苦了，加油！」並請盡可能地經常反覆鼓勵自己。除此之外，也可以對自己說一些必要且想從他人那裡聽到的話。如果努力之後沒有取得理想的成果，我們往往會訓誡自己，但請從現在開始說些鼓勵自己的話吧！該說些什麼好呢？

我們再次請防彈少年團登場，請他們幫助我們吧！防彈少年團的防彈大哥JIN，在某次採訪中對辛苦了一年的自己說：「你辛苦了，只要你了解自己就好。」不知道這是不是讓很多人留下了深刻的印象，這句話變得家喻戶曉。為何這句話如此深植人心？我想是因為這句話不只給人「我很清楚自己有多努力」的鼓勵，也安慰大家「即使別人不了解，也不必太失望」，是飽含自我疼惜的一句話。

對依靠大眾的喜愛、關注和認可度日的藝人來說，「自己的努力不被他人理解」可能會造成致命的打擊。但是，如果有著「自己的辛苦只要自己了解就好」的想法，即使得不到認同，也能順利度過艱難的時期。事實上，防彈少年團在初期也沒能獲得高人氣，但在堅持的過程中逐漸成為實力更堅強的藝術家。我們可以推測，也許他們的成功是源於防彈大哥自我疼惜的態度。

即使不是站在大眾面前的藝人，這也是大家需要具備的心態。他人的關心和認可會影響我們——我們確實有這樣的傾向，如果自己盡了最大努力卻得不到別人的認可，就會認為自己很糟糕。但是，「我」卻很清楚自己的辛苦。不是別人，而是只有我知道自己的努力和辛苦，所以第一個需要理解這些的人也是「我」。請在祈求自己幸福和安寧的同時，用自我疼惜的言語獎勵自己。

你可以對自己這麼說：「你的努力只要你自己知道就好，辛苦了！」

給自己無條件的鼓勵

激勵自己並親切對待自己的態度一旦形成，就會逐漸發揮出強大的力量。這種力量不僅會發生在自己身上，連帶看待他人的眼光也會發生變化，我們理解他人的範圍也會更加廣闊，也會更親切且寬容。如果懂得寬容地看待自己，當然就不會隨便對待他人，令我們的心不舒服的事情也會因此減少。我們讓身邊的人更幸福且平靜的同時，也會自然而然得到他們的親切和溫暖關懷。所有的關係都相互作用，所以這能形成良性循環，影響也會逐漸擴大。你能想像嗎？這樣的影響除了擴散到身邊的人，甚至也會擴及他們周遭的人。

然而，我希望大家能記住，無論影響力多廣泛，都是從自身做起。在各自求生的社會裡，唯一能稱讚自己的人就是自己。就像孩子學會用湯匙就受到稱讚一樣，也請這樣寬厚地對待自己。

我最近在睡前會用各種方式稱讚自己。如果寫作進度沒有達到預期，我會在心裡說：「你也寫出了幾行字，辛苦了。」在什麼事都沒完成的日子，我會對自己說：「今天也平安度過了，辛苦了！」

在一天結束後躺在床上追究自己也沒有用，不可能躺在床上繼續寫作業或工作。在那段時間裡，睡得好就是最重要的事。睡個好覺，明天才能開心地開啟新的一天。為了睡好覺，要像對待孩子一樣對待自己，就像哄孩子一樣告訴自己：「做得好！你今天也很努力，辛苦了！」像這樣無條件鼓勵自己是必要的。

這些溫暖的話語累積起來，就能成為明天生活的力量，也能讓我們放心地入睡。因為沒有人想毫無精神地展開新的一天，而是希望可以有足夠的力氣面對明天。明天再鞭策自己吧，那才是適合逼迫自己的時間。

隨著年齡增長，我們周圍的環境可能會越來越嚴苛，也許是因為大家都在為自己的生活孤軍奮戰的關係。以前只要好好打招呼就會給予我們稱讚的長輩，現在變得更常鞭策我們，並要求我們更懂事。為了讓我們成為更了不起的人，他們可能會更常對我們說：「現在的你還不夠好。」但至少我們知道自己有多努力。所以，今晚睡覺前，請對度過了艱難一天的自己說：「今天過得不錯，這很難能可貴。」

只要在睡前有段像照顧孩子一樣照顧自己的時間，明天就能好好撐下去。只要每天都能過著好日子，就能有更好的人生。

誠摯希望現在所有要入睡的人，都能有可以平穩度過的明天。

從自我中心後退幾步

難以理解他人的原因

正如第一章〈生活在平行宇宙的人們〉所說的，我們生活在各自的宇宙中，無論關係多麼親近、多麼心靈相通的人，我們也無法成為對方，對方也不能完全成為我。生而為「我」，我們的宇宙沒有其他人，所以只能以「我」為中心思考。

當然，這並不是指完全不考慮其他人的立場。每個人都會根據情況努力顧及他人。父母關心孩子的想法，子女站在父母的角度思考；上司從下屬的角度思考，下屬關心上司的想法。有時我們也會站在家中小狗的角度思考。就像這樣，我們為了相互理解而努力。但這一切的努力，最終都不會讓我們以他人為中心思考，只會讓我們「相信自己了解對方」，也就是說，他人的那些想法都只是自己的推測。這些推測往往與事實不符，反而讓對方受傷。

極其嚴重的自我中心，會讓人無法客觀看待他人，從而帶來痛苦。特別是把自己困在複雜多變的雜念中時。當我們陷入那種狀況時，即使只從扭曲的自我中心框架中退後幾步，也可以避免衝突，並減輕內心的痛苦。

幫助我們保持這種距離的就是「不知道模式」和「緩慢模式」。

停止思考的智慧：不知道模式

有段時間很流行「我什麼都不知道」這句話，似乎隱含迴避責任的意圖。但是，如果能以帶有「不知道」概念的視角看世界，將會對我們自身大有幫助。

人們通常會為了擺脫痛苦的雜念而不斷思考。很奇怪吧？讓我們從想像中逃脫的竟是另一個想像。雜念會接二連三地吞噬我們，將我們困在巨大的思考牢籠中。這等於是被自己的想法束縛。這樣一來，原本就很焦慮的我們會更加不安，原本生氣的自己會更加憤怒，也會越來越憂鬱。

這時，我們不該靠「思考」逃跑，而是需要「打斷思考」。在這種情況下開啟「不知道模式」，在心裡對自己喊：「啊，不知道！」並且停止思考。就像按下「ＳＴＯＰ」按鈕一樣，這能讓我們回到現實。我們會覺察到之前沉溺於雜念中的自己，並開始將注意力集中到當下發生的事情。

為什麼會這樣呢？不論我們怎樣傷透腦筋，大多無法知道令我們苦惱問題的真實答案，但大部分我們擔心的事也不會變成現實。另外，對於他人無法理解的行為，以及令人鬱悶的狀況，無論再怎麼思考，也沒辦法得到有用的答案。

舉例來說，我今天在公司和同事有一點誤會，這是令人不舒服的情況，因為這個誤會沒能解決，所以我懷著鬱悶的心情下班了。因為我的意圖不是那樣，但同事卻惡意曲解我的行為，所以我很委屈又氣憤，甚至討厭起那個同事，這個情況讓我很煩。對於這個問題，雖然沒有任何可以馬上透過思考解決的方法，但我睡前還是躺在床上想了很久。在思考的過程中，我變得更厭惡同事（他為什麼那樣說呢？），委屈也越來越多，最終對職場生活產生了懷疑（我需要為了賺錢這樣活著嗎？）。就這樣，我甚至對自己的人生感到悲觀。小小插曲竟然演變成撼動人生的大事件。

就像這樣，我們會因為思考而誇大並扭曲情況，有時甚至捏造事實。但是實際發生的事件本身沒有改變，那是過去的事情，事件已經結束了，但是因為我們一直在心裡糾結，所以感覺還是現在進行式。只要持續想著這個問題，這件事就會繼續影響我們的心，且大部分都是負面影響。

世界比我們想像中更簡單

但是，當雜念剛開始萌發時，如果能乾淨俐落地告訴自己：「啊，不知道！」就可以擺脫負面影響。此時再將注意力集中到眼前看到的事物、耳朵聽到的聲音，以及自己的呼吸就可以了。

這也是一種心理治療法，是完形治療理論（Gestalt Therapy）的基礎。完形治療理論的創造者是心理學家弗里茨．皮爾斯（Fritz Perls），此方法與他所說的「拋棄思考，回到感覺上」有著相同的意思，也就是打斷思考，將注意力集中在自己的感覺上。

經常用「思考逃跑」的習慣，使我們的生活變得更複雜。腦中的世界會變得無限沉重且黑暗，因為這些雜念會讓我們認為什麼事都有可能發生，連地球都有可能毀滅。

但是，如果我們能停止思考，看到現實，也就是「當下」，「這裡」，我們就會變得更單純，看事情的心態也會轉變，我們會發現世界不再是折磨我們的地方，世界就只是世界本身。

世界比我們想像中簡單。為了能夠單純地看世界，我們的心也需要練習。不是持續在心裡添加雜念，而是要練習客觀地看世界。否則，雜念會把我們困住，無法邁向現實。

從自動反應到被動反應：緩慢模式

第二個方法是緩慢模式。韓國人特別喜歡「快速」，也多虧自動化和網路，我們可以快速完成所有的事，更因此習慣了快速的步調。然而，熟悉這種速度有時會讓我們感到痛苦。

我們的精神系統可以分為兩種。心理學家基思．史坦諾維奇（Keith Stanovich）和理查．偉思特（Richard West）將神經系統分為系統一和系統二。簡單來說，系統一是「快速思考」，系統二是「緩慢思考」。系統一能快速啟動，使我們可以立即做出粗淺的判斷，也就是我們習慣性的反應。

相反的，系統二的運作方式是緩慢且理性的，會讓我們考慮各種立場後，再慎重做出判斷。因此，這需要長時間的有意識反應。

我們在日常生活中主要依靠系統一，因為效率高。舉例來說，我們遇到陌生人時，僅憑對那個人的第一印象就能判斷是否需要警惕。透過印象、衣著、談吐、態度，我們馬上就能判斷「那個人和我不合，應該離遠一點」，並與對方劃清界線。因為整個判斷過程是無意識的，所以我們不會察覺。總之，我們不可能有時間和精力仔細審視並慎重判斷所有遇到的人，所以啟動系統一是很自然的。

但是系統一有陷阱，就是會產生錯誤。雖然速度快、效率高，但正確率很低。然而，即使會出錯，我們往往仍傾向相信系統一的判斷。

那該怎麼辦呢？首先，需要避免過度確信系統一的判斷到固執的境界。我們必須平衡系統一和系統二，不能只依賴立即的反應，而是要有意識地努力慢慢判斷，拋棄快速下結論的習慣。

通常，我們很習慣輕率地分析他人或我們所遇到的情況：「你就是因為〇〇才會變成這樣。」或是極端地說：「我的人生之所以失敗，都是因為你！」我們用這種方式將與他人的關係導向崩潰。然而，這些分析常常都是錯誤的，我們往往無法精準掌握狀況。

但我們想下結論，且希望建立明確因果關係的欲望非常強烈。因為唯有如此，才會有把事情了結的乾淨感覺。

我們從出生開始就具備想要有因果關係的「感覺」。但是，這種感覺往往不是理性分析因果關係後產生的結果，而是啟動系統一的結果。

——丹尼爾·康納曼（Daniel Kahneman），《快思慢想》

請記住，無意識的反應會阻礙我們。所以請仔細思考：「我的想法真的正確嗎？」同時保留自己的分析和判斷可能有誤的餘地，就能避免很多關係中的衝突和心靈上的痛苦。

就像手機可以調成靜音模式一樣，我們的心也能根據需求改變模式的話，生活將會變得更加彈性。

「不知道模式」是採取「我不了解一切」的謙虛態度；「緩慢模式」則是以「我不會輕易下結論」的智慧面對世界。如此一來，曾經令自己哭泣的「邪惡自我中心」高牆就會倒塌，也能更靈活地將自己與世界連結。

在許多人哭訴因為他人而痛苦時，有些人卻是靠著他人的力量生活，他們透過他人給予的安慰和支持獲得力量，並在艱難的時刻，因為珍視之人的一句話和溫暖的眼神，獲得活下去的力量。

人與人之間的合作和協調力量是無庸置疑的。如果能熟悉前面所說的兩種模式，相信大家就可以充分得到這種力量。

希望大家都不會因為無法客觀看待他人的自我中心，而錯過這些溫暖。

Chapter 4

越減越健康的心

心靈極簡主義者，從拿掉手機開始吧

減法的生活更有智慧

我們的心靈在「減法」而非「加法」的行為中，會變得比較安定且平靜，只要看看現代社會消費過剩且資訊爆炸的狀況，就能略知一二。例如，子女的養育問題因資訊過多，所以狀況層出不窮。人民因為吃不飽而產生的問題雖然少了，卻經常發生暴飲暴食引起的消化不良和腸胃問題。交通堵塞和停車糾紛也是因為汽車太多導致的，甚至連愛情都因為情感太濃烈而充滿暴力。

極簡生活之所以流行，是有原因的。在物品和資訊充斥的世界裡，能將過多資訊事物適當過濾的能力，就是智慧。我們需要的是減法人生，而非加法。

被困在巨量資訊的洪水中，我們的注意力只會逐漸衰退。天性無法專注於一件事的人類，因為文明的發展使得專注力越來越降低，我們的內心也因此越來越脆弱。

心靈真正需要的東西

使心靈平靜的原則很簡單，就是「專注當下」以及「不做判斷和評論，只專注於一件事」。但是隨身使用的手機卻會妨礙這兩個原則，手機讓我們無法得到真正的休息，只能從困擾我們的日常問題中短暫轉移注意力。以汽車比喻的話，就是讓我們空轉，使我們的燃料持續消耗外洩。

我們心煩意亂時，往往會更習慣性地頻繁使用手機。因為越是焦慮，我們就越無法忍受心中的空白，所以長期以來養成了這樣的習慣。我們從手機接觸到的許多資訊（不論多麼有趣）都是來自外界的「刺激」，但心靈真正需要的是「空白」，而不是「新的刺激」。

接著我想介紹一下，日常生活中可以嘗試遠離手機的方法。

(1)一個能讓目光從手機移開的環境

和另一半吃飯時，如果桌上有手機，我們就無法把注意力完全放在對方身上，手機會持續奪走我們的注意力，它就是擁有如此強大力量的傢伙。當然，這也許是因為注意力過於敏感的緣故。

因此，我們必須有意識地努力將手機放到眼睛看不見的地方，因為距離視線所及之處夠遠，我們的心才能遠離手機。在能夠主動調節衝動之前，打造良好的環境非常重要。以下是協助打造環境的小訣竅。

- 與人相處時，將手機放在包包裡。
- 讀書或工作時，將手機關機並放在抽屜裡。
- 關閉簡訊、應用程式、社群網站通知，規定自己一天中只能在一定的時間內確認這些內容兩次。
- 睡前不要把手機放在枕頭邊（放在觸及範圍之外）。

(2)主動調整衝動的心

衝動想看手機時，請仔細觀察自己的心，就能看出內心當下有什麼需求，也會察覺到自己的心，是因為不安焦躁所以習慣性的找手機。

當然，剛開始我們肯定會潛意識地玩起手機，因為這是習慣，但即使拿起手機了，只要覺察到這個動作並放下手機即可。如果反覆出現這種情況，在拿起手機前，可以先告訴自己：「我想打開手機」或「我想玩手機」等，先敏銳地掌握自己的意圖。反覆練習後就能更早察覺到這種衝動，刺激和反應之間的間隔也會不斷拉長。如果在說這句話之前，出現了想看手機的衝動（刺激），並馬上察覺到看手機的行為（反應），就會強化「覺察」的能力，並能進一步斷開刺激與衝動的連結。

我們可能會經歷以下的過程。

無聊（刺激）↓想上網（衝動）↓覺察↓一定要現在看嗎？↓十一點再與電子郵件一起確認（妥協）↓放下手機（反應）

只有形成習慣，才能不費吹灰之力地擺脫衝動，所以當然需要反覆練習。即使失敗了，也千萬不要指責自己，因為如果壓力太大，反而會更常打開手機。

正念的最大好處

養成正念和冥想的習慣後，我毫無目的使用手機的時間自然而然減少了。之前因為習慣在睡前用手機，所以需要很長的時間才能入睡，因此有段時間，我將手機放在房間外。現在，我發現睡前停止使用手機後，希望心情平靜並熟睡的欲望，漸漸大過想看手機的欲望。

另外，在地鐵或公車上自然而然拿出手機的習慣也消失了。取而代之的是閉上眼睛，把注意力集中在呼吸，並藉此補充心靈的能量。偶爾也會稍微睡一下，再精神抖擻地投入下一個行程。

像我一樣將正念變成習慣的朋友也說：「想看手機的欲望減少了。」沒錯！如果養成正念的習慣，比起看手機，我們會更想擁有放鬆的心理狀態。因為透過這些經驗，我們會知道什麼對自己心靈的安定更有好處，所以就會自然而然這麼做。

重點是，我們想看手機的衝動不會消失。「明天天氣如何？」、「今天有什麼話題呢？」、「聽說ＩＵ要出新歌了，還沒出嗎？」、「要發訊息給朋友嗎？」這些想法會不斷出現。如果是以前，在出現這些想法的同時，我應該已經在用手機搜尋或發訊息了。但是現在，我只是看著自己的心，不伸手拿手機，而是觀察自己的衝動和欲望，並將注意力轉移到更愉快的地方。「我想給心靈的是比手機更好的東西」，這麼想之後，我就會很快忘記自己想看手機的事。

在科技發達，資訊取得越來越容易的今天，我反而會想：「享受這些東西真的對我有利嗎？」即使開發出各式各樣的拉麵，老是吃拉麵也不會比吃飯對身體有益；再令人感到快樂有趣的東西，也可能成為心靈的毒藥。

網路和手機都用漂亮華麗的樣子誘惑著我們，遊戲或影片等許多娛樂都在勾引我們的心。科技越來越發達，以後我們的生活會更多樣並多采多姿。但是，對於脆弱且容易因煩惱擔憂而變沉重的心來說，真正需要的不是暫時的快樂，而是找回平靜的心，並減輕心的負擔。

也因此，我更有自信地推薦大家，透過「減法人生」，以輕鬆的心過日常生活。

減去厭惡的心情

自己的情緒傷害了自己

「討厭」是一把會使他人受傷的刀，但也會使自己受傷，生活中很難不討厭某個人。雖然現在的我，有自信無論遇到什麼人都能找出對方的優點，但我也曾經對許多人充滿怨恨。這樣的厭惡感一整天都充斥在腦海裡，甚至還在夢裡折磨著我。也因為在現實中累積了許多沒能對厭惡對象說出的話，所以讓自己很痛苦。

但是，某天當我看到了怪物後，我決定放下這些厭惡。那是在深夜搭公車回家的路上，我清楚地看到了映照在車窗上的怪物，那就是我。

有時候，比起相信並支持他人，討厭別人更容易。從某些面向來說，厭惡他人可說是守護自己的防禦策略。如果把對方變成「惡」，就可以把自己當成「善」。如果想成為不錯的人，那麼透過討厭別人就能輕易達成，但那只是「暫時的」。雖然我們會暫時感到滿足，但人生還很長，所以不可能因為討厭某個人，而讓心靈得到永久的安定感。

厭惡最終還是會帶給自己痛苦和傷痛，也會讓自己受傷。如果不想與那些讓自己痛苦的人和解，就應該徹底與對方決斷，並明確將自己的生活與對方的生活分開。

我記得大學時期，某位教授曾說過：「我過去最常做的行為，形塑了我。」我認為這句話很有道理，把這句話中的行為換成「想法」也是一樣的。

「最常出現在我腦中的想法，塑造了我。」

如果我們一整天，甚至在夢中都討厭並憎惡某人，最終我們會成為憎惡本身，也就是怪物。

為什麼要將寶貴的能量浪費在討厭的人身上？

能量會湧向我們關注的地方，如果不喜歡「某個人」，我們的能量就會被那個人消耗掉。這可是寶貴的能量啊！

因為我們是人類，所以沒辦法阻擋自己的心產生喜歡和厭惡的感覺。但是當心執著在「討厭」這種感覺的瞬間，我們就會開始痛苦。想到討厭的人或事，心情當然會不好。如果心情不好，那麼產生負面想法的可能性就會大增。

產生負面情緒時，腦中會隨之浮現更多負面事件或記憶，這種現象有人稱為「情緒偏誤」（mood-included bias）。這是讓憂鬱的人更加痛苦的原因之一。因為在憂鬱的狀態下，負面想法會持續出現，用負面角度解讀他人或事件的可能性也會大增，形成惡性循環。

因此，應該先收起負面情緒，盡快將注意力放到會讓心情變好的事情上。首先，要明白自己的心已經陷入了憎惡之中，並覺察到「原來我現在聚焦在消極的事情上啊！」接著，再把注意力放到快樂的事情上就可以了。

這時「不要再想○○」的想法是沒有幫助的，不需要特別費力或下定決心，只要覺察「啊，原來我沉浸在○○的想法中啊！」再從這個想法中退後一步，靜靜觀察自己的想法即可，如此一來，你就會發現消極的想法會慢慢消失。

每個人都有足夠的力量關注自己想要的東西，而培養這種力量的方法就是正念。如果想起某個人，心情就會變好，那麼就請回想那個人。即使已經是很久以前的回憶，也請把最快樂的回憶拿出來，刻劃得更清晰。那麼我們的大腦就會誤以為快樂的事情正在發生，所以就能浮現出更正面的想法和回憶（大腦具有無法區分現實和想像的特性）。

透過這種方法，我們就能遠離厭惡的心，並且不再受討厭的人事物影響，更進一步節省自己珍貴的能量。

對我來說，讓我永遠和那個怪物告別的最大感悟是：

「那個人應該會繼續那樣生活吧，但那和我沒關係。」

不知是哪個瞬間，我突然想到了這句話，於是，我的心漸漸變得輕鬆了。比起找出對方一百個不好的地方，我更煩惱的是該如何才能不被對方影響。

對方的壞與你無關

別人沒辦法惹我生氣，也無法讓我討厭，否則，那就是我的心被他人控制了。

「我因為A說的話而生氣。」

「我討厭A。」

這樣想的時候，主詞是我，製造禍害和怨氣的主體是自己。

你是否曾經因為某個人而有厭惡的心情？

你身邊是否也有不論怎麼想都沒辦法喜歡的人？

那麼希望你也能對自己說：「那個人會繼續那樣生活下去，但那跟我沒關係。」並盡快回到自己的生活中。只要在意那個人，你的心就會繼續生病。我希望大家能用快樂的事物照亮自己的心，並感受到更多愉快的情緒。

無論我們感受到什麼情緒，那都是自然的，但傷害自己的情緒越少越好，祝福大家都能成功減去厭惡的心，保持健康美麗的心靈，我也會為各位加油！

在現實生活中變得幸福

社群網站成為壓力的理由

當我和別人談論社交媒體時，經常會感到驚訝，許多人在社群網站上看起來華麗又開朗，私底下卻完全不同。

這些人往往因為社群網站成癮而有嚴重的煩惱，也有人越用Instagram越憂鬱，他們因為「按讚數」越來越少而焦慮，因而取消帳號。我看到了在他們網路耀眼明亮的身影背後，令人難過的影子。

社群網站無疑占據了現代人大部分的時間，在資訊共享或社群凝聚方面也扮演正面的角色。但是，社群網站也在某些方面引起很大的情緒消耗。我如果需要集中精神工作，首要之務就是刪除社群媒體應用程式。

加拿大社群媒體專家貝莉．帕奈爾（Bailey Parnell）分析了社群媒體成為壓力的原因。其中之一就是「精采片段」（highlight reel）。像Instagram這樣的社群網站，歸根究柢就是將使用者最耀眼的瞬間精華集結。但問題在於，將他人的精采片段與自己的日常生活進行比較，這等於像是將舞台上閃耀的樣子和下了舞台後的樣子做比較。如果總是將自己樸素的時刻與他人的光輝時刻相比，當然會覺得不舒服，因為這會讓自己看起來醜陋且微不足道。

事實上，美國匹茲堡大學（University of Pittsburgh）進行的研究證實，使用社群網站的時間和次數越高，罹患憂鬱症的危險就越高，因為我們看著他人上傳的貼文時會習慣性地和自己比較，從而引發相對的剝奪感或失落感。

因為社群網站不時會更新，我們很容易誤以為是在窺視他人的日常生活。但是，我們看到的終究只是別人「編輯後」的生活。即使這些人不是故意只上傳自己好的部分，但無論如何，這些都是人為編造後的結果，換句話說，是過濾後的樣子。將對方編輯後的生活與自己真實的簡樸生活進行比較，從一開始就是不合邏輯的，然而，脆弱的人卻會因此而變得憂鬱，這真的很讓人難過。

社交媒體成為壓力的第二個原因是「社交貨幣」（social currency）。社交貨幣指的是，在社群媒體上得到他人按「讚」等反應，意思是人們透過點讚或回覆表達的關注程度。

根據帕奈爾的說明，我們執迷於上傳的照片或貼文有多少「喜歡」或「愛心」數的同時，對自己的認同也發生了變化，我們開始用「讚」的數量來衡量自己的價值，最終將自己商品化。為了得到更多好的回應，我們會持續編造，這些在在顯示出人們不想被排斥的焦慮，甚至出現了「錯失恐懼症」（FOMO, Fear of Missing Out）這樣的新詞。這個詞的意思是，「可能會被自己所屬社群疏遠的焦慮感」，它精確表現出因為過度依賴社群媒體而發生的社會病理現象。因為這種焦慮，我們會更努力提高自己作為商品的價值。

如果自我的認同感或價值是取決於他人的手指，任何人都會感到不安。越是依賴網路世界，越容易主動允許自己成為被他人評價的商品。過分在意評價的我們成為商品後，由他人決定自己的價值，這不是很危險嗎？我們該怎麼做，才能從這樣的險境中救出自己？

離開精采片段，來到現實

精采片段絕對無法反映出現實。將他人在社群網路中的樣子與現實中的自己進行比較，或是任由社群網路中的回應，操縱著自己的認同感，最終都會面臨無法正視「真實世界」的問題。我們不是生活在網路裡，而是活在現實世界中，如果不正視真實的世界，「現實中的我」就會失去適應力。另外，隨著「真正的我」和「被看見的我」距離逐漸拉開，我們只會變得越來越憂鬱。

反覆且無聊的日常生活，占據我們人生大部分的時間，但這些都不是被編輯後的精采時光，而是吃、住、睡等瑣碎的生活。因此，我們無法將笨拙、粗糙、樸素的日常面貌，從「我」這個主體中排除，因為這些是我們珍貴的面貌。

每個人可能都有過華麗且精采的瞬間，但因為大家發展的方向不同，所以別人和我的生活必然不會相同。即便如此，你還是想和他人比較嗎？你仍然覺得現在的自己好像陷在泥沼裡，看著其他人過著燦爛的日子嗎？

我可以肯定地表示，人的存在不可以用那種方式比較，因為我們不是商品。每個人都有不同的目標和步調。以人生為單位來看的話，每個人的生活都很相似，大家的生活中都有想炫耀的時刻，也會有覺得羞恥並想隱藏的經歷。

無論對誰來說，生活都不是容易的，即便如此，每個人也都有幸福的資格。

在現實中變得更幸福的方法

相互比較的行為，這件事本身是很自然的，但是希望大家不要把因為比較而產生的不愉快情緒帶到自己身上。透過社群媒體創造幸福生活，比在現實生活中打造幸福生活容易得多，但那並不是真正的幸福。希望大家能在現實中努力讓自己幸福，為了達到這個目的，以下提供兩個方法。

第一是請經常提醒自己，社群媒體只是生活的「一部分」。在關注別人的社群網站時、自己的網路頁面充滿他人的貼文時，請注意不要將這些資訊解釋為他人生活的全貌。如果時刻銘記這個事實，只看幾張照片和幾句話就誤以為是他人生活全貌的感覺將會減少，也不會再感到憂鬱。

第二就是請減少消耗在社群網站上的物理時間。我們的行為以及花時間從事的活動，會形塑我們的認同感。我們的行為也會改變我們的想法，常常做什麼事、思考什麼、想過什麼樣的生活，最終都會塑造出我們的個性。停留在螢幕前的時間越長，我們對「自己」的感覺就越混亂。因此，請盡量減少讓螢幕形塑自我的時間，並轉而將時間花在將現實形象打造成「心儀的自己」上吧！我敢肯定一年、五年後，你將會看見更幸福的自己。

這很難實踐嗎？雖然剛開始會覺得很難，但是只要想到這些努力能帶來心的平靜，應該就不會覺得太辛苦了。

我想用寫作期間一直銘記在心的文章來結尾，這是法輪大師所寫的文章。

生活就是吃飯和排泄，
相信生活超越吃飯和排泄並擁有新意，
那是妄想。
人生就是吃飯並排泄，
如果遇到與自己想法相同的人就會快樂，
遇到想法不同的人就會爭吵，
這就是生活，
沒什麼特別的。
我們會感到痛苦，
是因為我們妄想生活應該特別一點。

——法輪大師

越簡單，越幸福的人生

為什麼我們總是想擁有更多？

看著狹窄房子裡不斷增加的東西，我想著要「再一次」實踐極簡生活。從「再一次」這個詞可以看出，這不是我第一次下定決心了。但幾天後，我走進大型購物中心內的電子產品賣場，三十分鐘後，我嚇了一跳，因為我發現自己想買的東西居然有五個之多，甚至因為覺得應該馬上購買，所以到了考慮帳戶餘額的地步。我意識到這種想法後，急忙離開了購物中心。人的意志力是如此薄弱，幾天前的決心很快就黯然失色，瞬間充滿了「想花錢」的欲望。

圍繞現代人的主要關鍵字之一就是「消費」。如果要談論消費，就不得不提「對錢的欲望」。為了能盡情購買自己想要的東西，我們想賺更多錢，累積更多財富。

我們生活的資本主義社會，是以對金錢的需求為基礎所形成的。這個經濟系統利用了人們的需求，讓我們透過更多消費促進經濟成長。從某方面來說，我們能維持生計是因為我們的消費。托這種發展的福，我們能享受現代文明帶來的便利。

當然，我們對金錢的欲望也越來越強烈，結果就是「消費」充斥日常生活。年輕人經常使用的新詞「揮霍趣」（揮霍時感受到的樂趣）和「FLEX」（炫耀財富，花大錢的意思）*精確地說明了這一點，也呈現出消費讓人自豪的氛圍。

當然，羞於在大眾面前赤裸裸地談論金錢話題的氛圍仍然存在，但所有人都想著錢並因為錢而煩惱卻是事實。另外，大部分人都感受到與財富相關的危機感、自卑感或優越感。如果可以的話，多數人都希望賺得更多，擁有更多錢。

被稱為德國巴菲特的投資哲學家安德烈・科斯托蘭尼（Andre Kostolany）表示，與社會主義相比，資本主義經濟體制更接近人的本性。占有慾是人類自然的欲望，人類的占有慾與配合占有慾的資本主義體系相遇後，相互加乘，並快速發展。

然而，我們很難輕率地回答：「金錢真能使我們幸福嗎？」想擁有很多錢和用錢讓自己幸福是兩碼事。顯然，人類比以前擁有更多，也消費更多，但不知為何，靈魂貧乏的人也增加了。眾所皆知，現代社會許多人有心理問題，也有很多人因為「錢」而苦惱。雖然社會變得富裕，但人們的內心卻不是如此，這點值得關注。

在這樣的時代，我們該如何過極簡生活？

減少不必要的消費和物品，用最低限度的東西維持生活的「極簡主義」已經出現一段時間了。在很多人高呼「揮霍趣」和「FLEX」的同時，「極簡主義」也正在擴展自己的地位。

就像前文提到的，像現在這樣以消費自豪的時代，跟隨自然欲望進行消費，對經濟發展也有貢獻，但為什麼還會出現像極簡主義這種生活態度呢？

這不是從「我擁有的夠多，也能過舒服的生活，為什麼卻不幸福」的問題出發的生活方式，而是思考自己真正需要什麼後，再尋找需要的東西。這是一種有意識地清空，並專注於本質的生活。雖然這樣的生活方式肯定比擁有許多物品的生活更不方便，但正如沉溺於消費的人越來越多一樣，關注並實踐極簡生活的人也漸趨增加。

極簡主義作家陳敏英（진민영）在其著作《我要活得簡單一點》（조그맣게 살 거야）中如此說：「不是為了購買而製造需求，而是因為需要而購買——這樣的消費習慣很重要。」書中並指出，現代人多數被周圍的氛圍所感染，認為只有買東西才能得到認可的

＊編註：「FLEX」這個英文單字常見於韓國饒舌或流行音樂中，年輕人常用來耍帥耍酷，例如買了很貴的東西就會說：「我不小心又FLEX了。」

價值觀正是問題所在。我認為她說的很有道理。

總是透過消費證明自己存在的人，以及相信自己的價值和幸福必須透過物質的人，總是很焦慮，就像被什麼東西迷惑一樣，不斷購物，但仍然無法滿足。

在過去，物品是我們的「工具」；但在現代，物品卻讓我們成為工具。對不停轉動消費之輪的人來說更是如此。有些人勉強買了高價物品後，擔心昂貴的物品磨損而戰戰兢兢，有些人則容易被手機、電腦、廣告或社群網站中他人擁有的物品動搖，馬上就下單購買商品。

不僅如此，因為想要看起來優越的欲望，導致我們無止境地努力賺錢並擁有物品，進入一種絕對無法滿足的束縛中。這最終只會傷害自己。

極簡主義者看到這些令人難過的事，並察覺到富足資本主義背後的危險心靈，提出了「簡單生活」和「極簡生活」作為對策。

這樣精簡的生活是滿足於自己現在的生活，並安全守護自己內心的嘗試。即使沒那麼方便，麻煩了一點，也要培養出健康的靈魂。

因為我們知道，過多消費的生活和無止境追求物質的生活態度，不僅與幸福相去甚遠，反而是導致心理疾病的罪魁禍首。

不要掉入快樂的陷阱

幸福的祕訣不是追尋更多的東西，而是培養能夠享受更少東西的能力。

——古希臘哲學家　蘇格拉底

就像在〈「快樂」的感覺會欺騙我們〉中所說的，必須擁有物品才能填滿的心，肯定是「需要很多錢的心」，其中也提到了無法自拔地追求更大快樂的「快樂陷阱」。

如果放任自己的心，心就會掉入陷阱中，因此要有意識地努力將心清空。如果不這麼做，我們的心會越來越危險。當然，這並不容易；因為知道不容易，所以更顯得那些願意嘗試用少一點東西、接受有一點不方便、不以貧窮為恥的人，心靈有多堅強，他們不會被衝動牽著鼻子走，也不會輕易受社會氛圍擺布，因為他們知道可以用物質以外的事情來證明自己，並滿足心靈的需要。

如果沒有主動察覺，就會陷入衝動之中。如果質疑自己後，不花時間思考，不僅會花光所有的存款，還會用盡心裡的能量。訂定自己的標準，並覺察引發衝動的瞬間，努力少用一點東西，最終就能活出自我。如果我這個「主體」的位置不被奪走，心就不會崩潰。

為自己的心靈保留一點空間

在愛情也能成為物品的時代，不貪圖任何東西是很難生存的。無論是在路上，還是打開電視或手機，無數的廣告、周遭人們的炫耀、閃閃發光的購物中心都在誘惑我們，我們很難磨練自己的心，讓自己忽視這些。

但是，為了不被金錢和眾多新商品吞噬，也是為了不讓自己被這整個體系侵蝕，我們還是要努力控制自己。即使最終仍選擇十二個月的分期付款，我們也要持續思考，檢視自己的消費模式，並制定標準，同時不斷反問：「我真的需要這些嗎？」、「這真的是為了自己而買的嗎？」

減法生活不容易，但也不是不可能。我們都能一點一滴清空自己的生活空間。我相信，只要能夠做到這一點，我們的心就會越來越堅強。我很確定，能填補我們靈魂空洞的不會是名牌包、昂貴的手錶或電子產品。

我們的靈魂都有洞，

而我們都想填補那個空洞，用錢、關注、物品和人。
但這都是徒勞無功，
你應該要明白，這些絕不可能填滿靈魂的空洞，
這樣就不會彼此傷害了，
因為我們都不完整，所以可以在一起。

——電影《一百樣東西》（*100 Things*）

Chapter 5

堅定守護脆弱心靈的方法

不要把自己放進悲劇性的故事裡

模糊的狀態會引發焦慮

「到底為什麼會發生這種事？」

生活中遇到困難時，如果覺得這種事只會發生在自己身上，就會產生質疑。「我明明不自私也不貪心，為什麼這種事會發生在我身上呢？我什麼都沒做錯啊？」有時候明知沒有用，還是會想這麼問。如果是在賞善罰惡的童話世界中，我應該得到獎勵才對，但別說是獎賞了，甚至還發生壞事，世界為什麼這樣運行呢？

我們有時會希望釐清情況，想查明並理解事情發生的確切原因，希望知道為什麼這樣的考驗會發生在自己身上，或是想了解自己為什麼誕生在世界上。

在這種情況下感受到的不愉快情緒，與對未來的焦慮無異。因為模糊的狀態都會引發焦慮，如果不釐清狀況，我們就會為此不安，所以費盡心力想找到每件事情的因果關係，並且希望盡快知道正確答案和結果。也因此，付錢看生辰八字或塔羅牌也成了很自然的事，即使這些算命是在說謊，但我們就是必須「知道」才能放心。

大家都在編故事

這種無論什麼事都想弄懂的心態和「想要故事能夠完整的欲望」相吻合。日常生活中，我們創造了許多故事，因為我們需要編造故事來為每件事情完成因果關係，並為自己做的工作賦予意義。整理這些經驗的過程，讓我們瑣碎的日常變得有價值，並讓我們覺得自己值得活下去。

舉例來說，對反覆的家務感到厭倦的家庭主婦，只要一想到是為心愛的家人做一頓溫暖的飯，讓家人生活的寶貴空間變乾淨，做飯和打掃的辛苦付出就值得了。充滿辭職欲望的上班族，只要想著現在是為了實現遠大夢想而累積經驗，就能產生一定程度的堅持；而且，如果剛好公司有喜歡的人，為了能繼續見他（她）而上班，未來也許還能在一起。即使是微不足道的薪資，我們也會盡力發掘工作的價值。

像這樣，我們用各自創造的故事為基礎，對所經歷的事情做出「好」與「壞」的判斷。所以即使有過相同的經歷，每個人都會得出不同的結論，用不同的方式進行判斷和評論。

不要編故事折磨自己

但當這些故事朝對自己有害的方向發展時，我們的心就會很痛苦。對任職多年的公司感到懷疑時，我們會對自己說：「這份工作既無趣又不適合我，繼續做有什麼意義呢？從選擇大學科系開始，我就做錯了。」或者，有時我們會覺得一件事不順利，就什麼事都行不通，甚至認為整個人生是失敗的。不僅如此，我們會覺得必須擁有某些東西並取得成就才是有價值的人生，並認為不成功的人生是可怕的，而其中的主角「我」，更是悲慘且不幸的。

然而，只有在自己編造的故事情節中，我們才是很廢又差勁的人；也只有在這個故事中，自己才是不幸的。事實上，現實中的我是好是壞沒有定論，因為我只是我。

還記得在談論正念時，我提到「越是不判斷，越是客觀看待世界，我們的心就越安全」這個概念。

當我們拿掉自己編造的故事，就能察覺到「原來我們對自己發生的事抱持負面的解釋」，一旦能進行自我察覺，心就不會處於危險中，我們也能救出編造故事時過分自我貶低的自己。因為在虛構的故事中，我們處在隨時都可能成為失敗者的可怕情境中。

相反的，我們可以把創作故事的才能用來鼓勵自己，那反而是一種「力量」，而非虛假。以故事為基礎，從發現「意義」中產生力量，如此一來，我們做的任何行為都會變得有價值，內心也會因此更加堅強。

世界本身沒有故事，世界既不是好的也不是壞的，而是中立的。因此，當然不可能像賞善罰惡的童話一樣。但是在我們創作的故事中，世界可能成為童話，也可能成為電影，更可能是有趣的情境劇或感人的電視劇。依據我們編造故事的方式，我們可以過著愉快的人生，也可能過著痛苦的人生。

與其戴著不利自己的有色眼鏡看世界，不如快樂地利用創作故事的才能，因為這將成為讓我們在不明確的世界裡，停止恐懼且勇敢活下去的力量。

雖然這個世界有許多讓人無法理解的事，但希望大家不要忘記，世界本身既非好也非壞，我們只是依據自己看世界的角度，為世界添加色彩。也請記住，我們隨時都有力量從悲劇故事中拯救自己。

欣然成為怪人的勇氣

堅定不移地守護自己的奇怪世界

在成長過程中，我們被社會洗腦的生活態度之一，就是要過「正常」的生活，要讓自己落在常態分布曲線的突起部分（如下圖），也就是要不顯眼且平凡地生活比較好，如果不那樣生活就會被當成奇怪的人。

雖然教科書上沒有記載，但是我透過認識的長輩們，比如父母、老師，以及親戚或媒體學到了這些標準，並遵循這些標準生活。換句話說，是過著符合平均生活水準的正常生活。

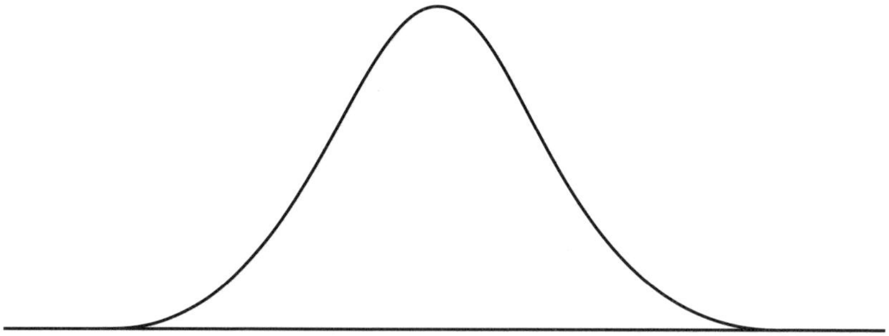

常態分布曲線。世界上許多事都遵循常態分布。

對這樣的我來說，若有人向我說「你瘋了嗎？」，這種話是可怕的斥責。膽小的我為了證明自己很正常，為了看起來平凡而費盡心力，如果對方誤會我是奇怪的人，我就會努力解釋。若對方還是無法理解，有時我會沉默，並想辦法讓自己變成和大家一樣的樣子。這樣的努力一直持續到我二十幾歲。

隨著時間流逝，我的自信也像身高一樣，一點點慢慢地成長，用成長後的眼睛看世界，我心中產生了無數疑問：「何謂正常？何謂不正常？平凡意味著什麼？這個世界真的是可以正常生活的地方嗎？」這些疑問接踵而來。

每個人都用體面的衣服，隱藏自己奇怪的一面；每個人也都戴著各自的濾鏡看世界，並活在自己的世界裡。透過各自的濾鏡看他人，無可避免地會引起誤會，無論怎麼解釋，他人終究不會理解「真正的我」。這麼一想，我就覺得沒有一定要跟他人解釋清楚的必要。

雖然「我看起來很奇怪怎麼辦」這樣的想法持續將我困住，但後來我開始質疑：「為什麼我不能奇怪呢？」

不論我是什麼樣子，別人最終都會誤會我，我也會以我的方式誤解他人。大家都以各自的方式推測他人，但我只希望對方看待我時能盡量寬容。

不是所有人都了解你的價值，放下那些人自以為是的批評吧。

——作家 保羅．科爾賀（Paulo Coelho）

因此，我們不應該因為害怕受到指責而努力成為不奇怪的人，而是應該甘願做一個奇怪的人。不需要向他人解釋自己有多好、有多正常，而是要建構好屬於自己的世界，讓自己有自信。只有做到這一點，才能不因他人而動搖，堅定守護自己的心。

建構讓自己安全的世界，就是堅守自己的心。為此，必須明訂自己的標準。如果自己的標準很明確，就不會和他人比較，也不會因為自卑而畏縮，或因為優越感而得意洋洋。

透過提問成長

那麼，該如何明確定義自己的標準呢？答案很簡單，就是必須透過不斷地提問。我們小時候在學校沒有學過向自己提問的方法，只學會了要答對課本上的所有問題。但是，我們是可以透過提問成長的。在提問和尋找答案的過程中，我們可以用自己的腳站穩腳步，用自己的眼睛看世界，如此一來，我的世界就會變得堅定。在這樣的過程中，即使不給出正確答案也無所謂，因為能夠提出問題這件事，就足以成為用「自己的方式生活下去」的力量。

以下是《八個單字》（여덟 단어）中對「自尊心」的描述。

> 在這樣的社會裡能找回自尊心嗎？在與別人不同就會產生焦慮的環境下，如果想擁有自尊心，就必須不斷努力。如果沒有自尊心，即使考上首爾大學，也不會感到幸福，就算賺一百億也沒辦法幸福。重要的不是擁有多好的學歷，賺多少錢，而是你的自尊心要讓別人決定，或是由自己決定。
>
> ——樸雄鉉（박웅현），《八個單字》

現在回想起來，是不是因為「正常」和「不正常」這兩個單字有某種強制性，才讓我們更加執著於「正常」呢？這就像合格與不合格一樣，我們受到語言很大的影響，所以我現在盡量不使用「正常」與「不正常」這兩個詞，而是用「奇怪」這個詞來表達，而這個詞其實並不負面。

如果看起來不平凡是奇怪的，那我寧願做奇怪的人。因為每個人都不一樣，所以大家都很奇怪是理所當然的。

希望擁有各自魅力的人，都能不被「平凡」的框架束縛並隱藏自己；期待這個世界所有的孩子、學生和大人們都能以自己的方式生活。

成為值得信賴的自己

變質的YOLO族

新詞YOLO族的YOLO是You Only Live Once的縮寫，意思是「你的人生只有一次」。隨著這個新詞的流行，大家開始有了不同的解釋，因此YOLO族也有了各種不同的面貌。不知道是不是因為這樣，偶爾會看到有些人違背YOLO的原意。

我們沒有必要對提高生活品質的價值觀或消費型態提出質疑，因為自己的人生由自己負責。但是，若因為抱有「絕對不會為了未來而犧牲現在的自己」或「人生沒希望，只要現在快樂就好」的信念，而不惜做出有害的事，實在讓人無法認同。YOLO族過分變質以至於自暴自棄的樣子，讓人感慨。

這種用語之所以流行，一定存在社會因素。比方，好不容易考上大學的學生，卻馬上要開始努力尋找像針孔般難找的穩定工作。找到工作後希望有穩定生活的上班族，卻要面對房價實在過高的環境。但是雖然生活如此艱難，網路上卻還是充斥著人們華麗的生活和笑容。

無論再怎麼努力，似乎都找不到穩定的感覺，再加上充滿不確定的未來，這些都讓青年們不知所措，因此，對他們來說「ＹＯＬＯ族」也許是一個不錯的出口，也可以成為填補空虛感或虛無的生活方式。

但是，為什麼放下一切只享受生活的人，看起來卻與不斷達成目標卻無法滿足的人，沒有太大的不同呢？因為他們只是外表不同而已。「捨不得珍惜自己」，這也許是他們相似的原因吧，因為這兩類人都很難維持內心的平靜。

埃里希．佛洛姆的建議

在很難找到心靈慰藉的時代，即使成為ＹＯＬＯ族也沒有容身之處，這句話沒有錯，但是，社會心理學家埃里希．佛洛姆可能會建議大家「積極行動」。

如何以積極行動回答關於自由的問題？只要有從某種東西解放的消極自由，人類就會成為孤立的存在，帶著充滿不信任、軟弱且總是處於危險中的自我，遠離世界。

——埃里希・佛洛姆，《我為何總是無力》（*Authentisch leben*，暫譯）

如果你以「享受人生」為名而不照顧好自己，那麼你的自我就會持續處在危險的狀態。不面對現實並不意味著現實完全被阻絕。雖然享受眼前的「今夜」沒什麼問題，不過是一個歡快的晚上，但是要度過四個季節的我們，能否度過冬天，並且信任那個不懂如何照顧生活的自己呢？我們很難以不信任自己的狀態好好生活。

認真生活

讀了埃里希・佛洛姆的文章後，我重新思考了「認真生活」的定義。

從小開始，大人們就經常告誡我「要努力」。天性慵懶且做事慢吞吞的我，覺得那是一種壓迫，讓我感到很不舒服，所以總是在心裡反抗。

但是就像其他人一樣，因為各種情況，我不得不努力生活。二十一歲因為家庭的經濟危機休學，投入就業戰場後，似乎沒有一年不認真生活。雖然我的形象依舊是「緩慢且慵懶」，但是到目前為止，我總是勤奮地奔跑著，並且不停地工作。雖然義務和責任隨著時間的推移不斷改變，但畢業後考上研究所、休學就業、工作、寫作、出書、組建家庭等所有過程中，我都勤奮地向前邁步。

儘管如此，問題依舊存在，我仍然質疑「為何要努力生活？」。雖然我在不知不覺中過得很勤奮，但我不認為別人也應該要努力生活。

為了成為值得信賴的自己

後來我明白了，我是為了成為「值得信任的自己」努力地生活著。我需要的是「對自己的信任」。我知道，如果我不相信自己，當外部出現危機時，我就會輕易崩潰。對膽怯且自尊心低的我來說，除了自己的行動之外，世界上是沒有什麼可以相信的。因為，在需要不斷選擇、思考和前進的人生中，我無法依賴懶惰的自己而活。

> 在所有的自發性行動中，個人把世界納入自我之中。在此過程中，個人的自我變得完整，且更加強大牢固，因為自我會隨著積極行動強大。真正的力量不在於物質的擁有，也不在於具備情緒、思維等精神素質。……只有我們的自發性行動才能為自我帶來力量，並為健全的自我打好基礎。
>
> ——埃里希·佛洛姆，《我為何總是無力》

積極行動就是主動迎接所有的經驗，自發地享受所有的時光並充實地生活。這意味著不論什麼樣的痛苦都願意接受，因為經驗往往伴隨著痛苦。

我曾經很害怕，那些積極度日的時光累積起來，仍無法將自己塑造成值得信任的人。因為對於既非含著金湯匙出生，也沒有背景的我來說，能依靠的只有自己。

然而，只要努力生活，終會有所改變，這個改變會以具體成果的形式出現，也可能以自我滿足的形態出現，說不定也能讓你考試合格或跑完馬拉松。但若是停下腳步放開雙手，我們就無法得到這些成果。

努力生活的所有行動，都會成為讓我們信任自己的依據。

守護自己的「小行為」

我偶爾會懷疑自己是不是走偏了路，並失去自信，覺得自己似乎微不足道，這時，我會回想之前做過的一些小事。不是那些取得巨大成就或實現目標的自己，而是「全勤上班的我」、「每天持續寫作的我」、「戰勝睡意每天凌晨上班前學習的我」、「在困難的時期也沒有倒下，重新振作起來的我」、「打三份工，依然努力上課的我」、「一邊上班一邊寫論文，長時間辛苦努力奮鬥的我」等。我發現，那些日常反覆的小小勤奮行為可以支撐著我，並成為我邁出下一步的力量。

如果不相信自己，可能就會倒下。如果對自己沒有足夠的信任，就無法擺脫黑暗，面對危機的力量也不足，自己會站不穩，總是想依賴別人。但是他人並無法支撐我們，我們必須過著自立的生活。

因此，我認為佛洛姆所說的積極行動並不一定是得做出多了不起的事，而是能讓我們信任自己的基本日常活動就足夠了。

我喜歡的電視劇《我的大叔》（나의 아저씨）中有個名叫靜希的角色，她深愛的男人出家了，但二十多年來，她一直忘不了他，堅持過著單身生活。看起來總是很開朗且朝氣蓬勃的靜希，在某個酒醉的夜晚，疲憊地晾著內衣褲時，這樣說：

「如果是清洗當天穿過的衣服，我還做得到。我還沒發瘋，我今天也做完了這個例行公事，沒有搞砸。」

看著那個場景，我明白了，對靜希來說，「清洗當天穿過的內衣褲」是每日守護自己的最低限度規則，她為了不破壞規則而努力。如果因為失去愛情而放棄一切，那麼看著連最低限度的生活都無法維持的自己，說不定又會再次崩潰。這或許是已經崩潰過好幾次的人，為自己制定出的規則。為了守護自己，我也每天都在努力遵守自己的規則。

我認為「努力生活」的意義並不是要實現偉大的目標，而是每天過得充實並成為「自己喜歡的人」。雖然沒辦法跑得很快，但要始終如一地走下去，只要繼續這樣下去，生活最終會慢慢好轉。

當空虛或懷疑導致生活出現裂痕時，認真生活會產生支撐我們度過艱困時期的力量，至少可以讓我們不對自己失望，因為我們已經成為值得自己信賴的存在。所以現在我敢對別人說：「我們要認真生活，請大家再稍微加把勁吧！」

我常開玩笑地說：「我怎麼這麼認真生活呢？」想到過去懶惰又愛睡覺的我，有時得過且過、事事拖延的我，現在居然這麼認真地生活，就會覺得有些好笑。但是我知道，將來哪天生活艱困時，現在勤勞的日常將會守護我的心，讓我相信自己能堅強地活下去。

YOLO！沒錯，人生只有一次，所以我們的人生很珍貴，請照顧珍貴的自己，並認真生活吧！

理解自己，才能守護自己

我不知道我想做什麼

在一家公司工作了十多年的三十多歲女性J，因為空虛和憂鬱前來諮商。她從學生時期開始，成績一直很優秀，畢業於首爾前幾名的大學，在有名的公司就職，過著穩定的生活。雖然過著所謂的正常生活，但是她卻難以克服偶爾襲來的空虛感。而今年工作未能升遷，成為壓垮她的最後一根稻草，讓她再也無法控制自己的心，因此決定接受心理諮商。

正在認真考慮辭職的她，在諮商初期經常表示：「其實我不知道自己想做什麼，感覺好像迷失了。」

事實上，不只是J，我經常聽到上班族們有這樣的煩惱。

「我不知道自己想做什麼，也不知道自己喜歡什麼。」

雖然想辭職，但沒有特別想去的公司，也不是特別想做其他的工作。為什麼很多具備穩定生活條件的人會遇到這種情況呢？

即使每個人的生活有各種不同的面貌，但我們經常會模仿周遭其他人的樣子，或是受電視、網路、媒體等影響而購買某些商品。連休閒生活也要跟「流行」，彷彿不做某些事，就會覺得自己落伍了。問題是，我們往往不知道這些目標是否真是自己想要的，就先採取了行動。所以，即使購買昂貴的衣服、包包，或跟隨流行的休閒活動，仍然得不到滿足。

廣義上來看，只有取得好成績、考上好大學、在有名的公司就職，才能安心。如果不具備多數人都認可的樣子，就會產生落後的感覺，然而我們真正的欲望和志向也許不在那裡。為了維持內心的平靜，我們往往會選擇看似「正確答案」的道路。

事實上，三、四十年前，社會上確實存在如石頭般堅固穩定的道路。即使生在困難的環境中，只要努力學習，考上好的大學，進入大公司，就能確保生活穩定。勤奮工作並努力存錢買房子，也是可以實現的目標。像這樣認真地生活，老年生活就會有保障。

然而，現在很難保證努力就能取得滿意的成果。「一生的職業」這樣的概念消失，房價飆升也讓生活更難穩定。無論再怎麼努力，也很難得到「安定」。通過針孔般的就業窄門所得到的工作，其薪資連學貸都不夠還，該如何買房，並為晚年做準備呢？因此，「三拋世代」*因現實問題日益增加，也是理所當然的現象。

不管怎麼努力，似乎都無法獲得父母那一代能得到的安定，在這樣的社會裡，很難不感到空虛和憂鬱。因此，遵循看似正確答案的生活成了最好的選擇。

這樣的現象會隨著年齡的增長而改變嗎？結婚並養育子女後，這樣的情況反而會變得更嚴重。父母對孩子上小學感到焦慮的原因是「擔心無法讓子女課後補習」。比起觀察孩子真正需要什麼，大家更注重孩子該去什麼樣的補習班。

乍看是過著安定的生活，但是仔細一看，像J一樣空虛的人很多。我認為，這樣的現象起因都是相同的，那就是在「理解自己」這件事上失敗了。我們必須以「自己」的樣貌生活，但我們卻不知道自己是誰，所以生活才會變得混亂。

對存在空虛的理解

現在我們不得不談到維克多・弗蘭克，他以《活出意義來》（*Man's Search for Meaning*）一書聞名。讓我們參考一下在納粹集中營生存下來後，創立了意義治療理論（Logotherapy）的精神分析學者維克多・弗蘭克的意見。

他曾經將「現實中的空虛」列為二十世紀普遍存在的現象之一。為了找出蔓延現代社會憂鬱症或成癮症的原因，我們應該理解什麼是「存在空虛」。

舉例來說，「週日病」是一種憂鬱症，指的是忙碌度過一週後，內心的空虛感突然襲來，讓人覺得生活毫無意義。這樣的現象到了二十一世紀的現在仍舊存在，但這種空虛與時代的變化有關。

近年來，人類又嘗到了另一種失落感，這是因為過去支撐自己行動的傳統正在快速瓦解……有時連自己都不知道內心真正想要的是什麼。結果就是我們模仿他人的行為（同儕壓力），或是照別人說的做（集體主義）。

——維克多．弗蘭克，《活出意義來》

與過去以神為中心的社會不同，現在有了宗教自由，而在進入理性主義社會後，支撐人類生活的傳統也消失了，過去韓國受儒教文化支配的規範和傳統力量也減弱了。

＊譯註：因為社會和經濟問題而放棄戀愛、結婚、生子的一代。

現在的我們不知道該依循什麼規範生活，與此同時，同儕壓力和集體主義取代了傳統的位置，所以對於迷失方向的人來說，模仿他人的生活，或按照他人的指示生活才是最容易的方法。

到底該用什麼填補我們曾經視為理所當然且遵循的傳統？有些人主張要用宗教填補這種空虛，有人則主張要以知識取代。然而，如果找不到應遵守的價值，過著空虛生活的人，有較高的可能性會模仿身邊的人，過著與他人相似的生活。

也許有人會反問，傳統的位置一定要用其他東西填補嗎？是的，人必須相信一些事物才能活下去，尤其心靈脆弱的時候，更需要可以依靠的事物。因此，在艱困的時期，多少會需要宗教信仰，就是因為我們必須具有值得信任和依循的價值，也需要可以依靠的地方。因此，自我若是不堅強，很容易盲目相信他人或者陷入邪教。因為我們為了生存，不論在哪裡都需要依靠。從這個意義上來說，人是很脆弱的存在。

軟弱的我們為了不被動搖，最終需要依靠自己的標準生活。為了不模仿他人，不依照他人的指示生活，需要有自己能信任並依循的「價值」。我們不應該追隨他人，而是要創造出屬於自己的答案。這個答案為我們指出人生的方向，是支撐我們的力量，也是維克多·弗蘭克所說的「生活的意義」。

所以維克多提出的意義治療，將重點放在協助患者尋找生活的意義。

人生的方向——「價值」

價值是每個人選擇的人生方向，所以每個人都不一樣。引領你生活的價值是什麼呢？如果想不出來，請抽空慢慢思考。為了確立自己的價值，必須要用充足的時間想清楚，因為這份價值是生活依循的地圖。

以下介紹三個有助於確認自身價值的方式。

(1)價值與目標不同

目標可以設定為「考試合格」、「就業」、「升遷」、「購屋」等，這些事情都有休止符，也有可以抵達的目的地。但是價值只是大方向，所以沒有具體的目的地。將目標當作價值的人，達成目標後很容易覺得空虛。有些人考試合格或購屋成功後就不知道要繼續做什麼，這就是因為缺乏依循前進的大方向，只是往某個標的物邁進的關係。為了克服這種空虛感，雖然可以制定更高的目標，但結果仍會是一樣的，甚至可能會更加空虛。但是（舉例來說），把「愛」當作人生價值的人，就不會有目標達成畫下休止符的一天，更不會因為是否到達某個地點而迷失。請大家記住，價值是大方向，其概念比目標更廣。

(2) 請將價值分類後再思考

這些價值分類大致上有家庭、友情、職業、休閒、健康、自我。可以先進行分類後，再思考哪個類別對自己來說相對更重要，這也可以讓我們更了解自己。對我來說，雖然「家人」是第一位，但我可以藉此確認一下我是否在「職業」上花費更多時間和精力，同時依據自己重視的價值順序調整生活方式。

(3) 確定價值順序後，請制定符合此順序的最低目標

也就是做出符合這些價值順序的行為，這被稱為「價值一致行為」。與其一開始就建立宏偉的目標，不如分長短期制定可以實現的目標，這樣對實際執行會大有幫助。另外，也必須考量若無法實踐價值一致行為時的相應對策，這樣才能提升執行率。

為了真正的獨立

如果能如上述確立價值順序，我們對自己的了解必然會越來越廣，因為我們能判斷「我想要什麼？對什麼感興趣？」等需求和欲望。對這些有具體的了解後，我們就不會隨意追隨別人。就像照顧各種植物時，我們會根據植物種類給予不同的水分和照顧，我們也能用適合的方式好好照顧自己，也唯有如此，才能實現真正的獨立，因為我們已經能站在堅實的根基上。

J考上了名校，畢業後也順利進入了大企業，因此她認為自己已經擁有了安穩的生活。但是擁有平穩生活的她卻沒能填滿自己的心，她想，如果這次能順利升遷，得到大家的祝賀，也許能暫時忘記這樣的空虛。面對終究得克服的問題——無法實現真正的獨立，她很晚才決定前來諮商。

其實生活不會有安穩的一天，無論是誰，生活都會有起伏，只是每個人起伏的時間不同而已。

曾經說自己似乎迷失了的J，現在已經能畫出屬於自己的地圖，並將「成長」這個價值放在第一位，同時建立了最低目標。她從內心感受到成長的喜悅，也表示有了想活下去的欲望，這是多麼令人高興的回應，我在心裡為她鼓掌。

如果沒來諮商，她可能會沉迷於酒精和美食，或為了填補空虛而揮金如土，甚至執著於模仿他人的生活；她可能會建立起不適合自己的價值觀，但值得慶幸的是，她現在正慢慢邁向獨立。

我們都不是完全獨立的個體，因為我們與許多人相互連結，也因此會一直受到家人、親友，甚至同事的影響，這是很自然的。和他們互動時，我們有時會受到刺激，有時也會依賴他們。然而，想讓自己的心站穩，我們必須有堅固的心靈根基。

要穩固自己的心只能依靠自己，如果不知道自己的欲望、喜悅、悲傷，只是一味追隨他人，那就不是靠自己站穩，也不能說是自立。

如果大家也覺得無法靠自己站穩，那麼請從現在開始尋找「真正的自己」，希望大家都能記得，當你理解自己時，你就能靠自己站立，也唯有如此才能守護自己。

在人際關係中堅定守護心靈

人際關係是永遠的課題

我們總以為遇到各種人際關係的考驗能讓我們變得堅強，不，是我們總是以為自己已經非常堅強了，但有時還是會因為人際關係而心灰意冷。人與人之間的問題大抵都是如此，人際關係是考驗我們成熟和堅強程度的最佳試煉。如果我們都能像孤島一樣獨自生存，就沒有必要變成熟，也不必煩惱如何讓自己的心更加堅強。

但是，因為我們需要與他人一起生活，所以我們不得不學習變得更有智慧，否則會很痛苦。因此，心理學家阿爾弗雷德．阿德勒（Alfred Adler）也說過：「人類所有的煩惱都源於人際關係。」

源於自己的煩惱，比如內心的煩惱，是不存在的，不論是什麼類型的煩惱，必然有他人的影子。

——岸見一郎、古賀史健，《被討厭的勇氣》

我在面對衝突時尤其脆弱，即使我不是當事者，只是旁觀者，也容易感到害怕。雖然經歷過許多事件後，我自認得到了足夠的訓練，但如果處在衝突的狀態中，我的心臟仍會怦怦直跳並驚慌失措。

看著這樣的自己，我明白：「啊，我還差得遠呢！」

大家在與他人的關係中也會存在特別脆弱的部分，比如無法忍受自尊心被他人傷害、因為他人的無禮而憤怒，導致衝突變大；或因為內向，所以站在群眾面前就會很痛苦等等。

每個人都因為自己的個性而有各種各樣的苦衷，我們什麼時候才能習慣這些呢？也許我們永遠不可能變得完美。許多七、八十歲的老人們也會吵架，並因為人際關係而受傷，或許我們一輩子都會因此而煩惱。無論多麼成熟且堅強，遇到問題時仍會痛苦，所以我們只能盡力尋找避免痛苦的方式。

隨著經驗的累積，我們逐漸了解如何避開最糟的情況，也越來越知道該如何明智地應對。有些方法對於在人際關係中守護自己的心特別有幫助，現在我想談談其中幾個。

(1)不要浪費力氣證明自己是對的

「認同需求」是非常重要的，因為那是驅使人行動和成長的原動力。孩子們為了得到父母或老師的認可不斷努力並逐漸成長，成人們則為了能在社會中生存而付出努力。在親近的朋友和夫妻之間，如果自己的努力得不到認可，也容易產生失望的情緒。但也正是這種「認同需求」引起許多人際問題，使我們在人際關係中變得脆弱。

反向思考後會發現，我們只要能從「認同需求」中獲得自由，就能活得更開心。被他人眼光所綁架的人，會強迫自己把心思花在許多不必要的事物上，當我們的認同取決於他人時，我們就無法掌控自己，再怎麼努力都得不到自己想要的回饋。

尤其韓國是特別喜歡批評的社會。看著最近的新聞報導，我有時會覺得，別說認可和支持了，只要不挨罵就萬幸了。隨著網路的發展，許多人在匿名的保護傘下說出許多可怕的話。另外，我們藉由手機聊天工具不斷與人接觸，所以幾乎二十四小時都在接受他人的評論。我們在學校學習國文、英文和數學，卻沒有學到明智的溝通方法。在職場，甚至家人之間也經常互相批評。越是親近的人，說話越尖酸，越讓人感到痛苦。我們會覺得對方似乎完全不了解自己，因而傷心委屈。這樣的情緒讓我們很容易崩潰，任何人都一樣。

但是，說話傷人的人，內心往往有著傷痛。無論他們多努力希望獲得認可，也不會有太大收穫。因此，守護自己的方法不是費盡心思證明自己是對的，不是將精力放在強調「那個人是錯的，我是對的」，相反的，應該把焦點轉到自己身上，了解自己為什麼這麼傷心。這樣就能看到隱藏在這些情緒後的認同需求，並且了解：「啊，我是因為想得到認可才這樣啊！」、「原來那個人不知道我的真心，所以我才會傷心。」這樣一來，我們反而會減少向外尋求認同的行為，因為我們已經了解自己。

請記住，不要因為尋求他人認同而浪費力氣，甚至失去自己。如果是不會造成太大影響的問題，他人不認同也沒關係，乾脆讓自己挨罵也是一種方法。若我們可以相信自己，能夠為自己的言行負責，即使沒有他人的支持，也完全沒問題。就算他人不認同，你所做的事依然是正確的。

別人詆毀、討厭自己，或者嫉妒自己，事後回過頭去看，往往會發現那對我們的人生並沒有多大影響。反而是為了討好別人，或者為了證明自己正確，才會消耗過多的能量，因為這讓我們將生活的主控權放在他人手上，容易讓我們迷失方向。我想大家應該都不希望因為執著於他人的認同，而讓自己的人生朝不想要的方向發展。

你的正確不是來自別人認同，而是你實際做的事及其理由是健全的。

——經濟學家　班傑明．葛拉漢（Benjamin Graham）

(2) 覺察比較的情緒

不是別人折磨自己，而是自己折磨自己的情況之一就是自卑感。因為未達到他人決定的標準而感到自己不足，這就是自卑感。自卑感需要有比較對象才會產生。我也會不知不覺把自己與他人比較，並因此覺得自己不夠好。但是，你知道其實自卑感和優越感沒有分別嗎？在佛教心理學中，將自己和他人比較的心理統稱為「傲慢」。通常我們會認為感到優越是傲慢，但事實並非如此。優越感、自卑感，甚至認為自己和別人是同一等級的心態都是一樣的，都是因為「比較」而產生的。

將其他個體與自己比較並感到痛苦的生物，只有人類。田裡的花也是照著自己的步調開花，不會和別的花比較。請想想看，看著梔子花盛開的杜鵑花，會因為自己不開花而傷心嗎？花朵們都是依據季節開花和凋謝，不會費盡心力模仿其他的花，也不會因為長得比別的花好而驕傲。在這方面，人類也許比花更脆弱。

但是，如何消除這種自然而然的比較心態呢？持續研究佛教冥想的美國第一代冥想領袖約瑟・戈爾斯坦（Joseph Goldstein）是這麼說的：每當產生比較之心時，只需要觀察一下自己的心。也就是說，當傲慢的心態出現時，沒有必要灰心喪氣，也不必責備自己或感到驚訝，只要對自己說：「啊！這個情緒又來了。」並接受它，同時了解這只是暫時而非固定不變的心態，如此一來，這種情緒就會自然消失。

我之所以認同將「比較」的心稱為傲慢的心，是因為人與人之間大部分的問題都是源於「我們自認為了解那些我們其實不了解的東西」。只看到他人的某一面，便與自己進行比較，其實這也是誤以為了解他人的傲慢態度。複雜的人類，能讓我們像用尺衡量東西一樣簡單地分析並比較嗎？

然而，這樣的錯誤卻以各種面貌蔓延。父母以生下孩子為由，介入子女的生活，直到他們長大成人為止，並自認知道什麼對子女最好。不只如此，好朋友、戀人或夫妻之間也會輕易定義對方「是某種人」，並以此作為指責的工具，甚至彼此詆毀。

但是，我們究竟為何能輕易說出「了解」誰呢？我們連自己也不了解，卻認為自己很了解別人，這實在太荒謬了。

因此要反覆告訴自己：「我不了解任何人。」父母和子女、丈夫和妻子之間都應該要互相提醒。我們所知道的只有自己，並不了解對方……因為不了解，所以需要對方說明，並像初次見面一樣傾聽對方。如果不打破「了解」的信念，並反覆提醒自己不了解對方，就無法逃出這個地獄。

——李允珠，《忍耐自己的時間》（나를 견디는 시간）

正如作家李允珠所說的，我們所了解的只有：我們並不了解任何人（家人、朋友、戀人）。

(3) 區分他人與我的界線

因為自以為了解他人而產生的常見錯誤，就是輕易侵犯他人的領域。所以，人際關係中需記住的第三點就是「區分他人與我的界線」，我們必須記住對方是對方，我是我。

無法區分他人和我的界線會引起兩大問題。一是依賴，因為無法確信自己做的選擇是否正確，所以總是依賴父母或朋友的意見。為了安心，總是希望別人陪在身邊，如果不能如願以償，就會把責任轉嫁到他人身上，這相當於把自己生活的自主權讓給了其他人。

另一個問題是干涉。就像父母希望操控子女的人生一樣，介入他人的人生。這是家人之間經常發生的情況，也很常發生在朋友、同事或戀人之間。因為越親近越容易越界，也越容易讓人相信自己能改變對方。

干涉並不只是把自己的意願強加到對方身上，也包含為了幫助家人、朋友或同事，過度消耗自己的心神。舉例來說，一位母親因為覺得失業的兒子很可憐，所以繼續提供經濟援助，母親很容易覺得這是「為了兒子好」，但其實也有可能只是為了不讓自己覺得不舒服，所以持續提供兒子經濟支援。

母親的支援會不會反而使兒子失去立足的機會？會不會因為這樣，兒子反而無法下定決心獨立呢？事實上，這樣的情況很常發生。

很多人總是以「因為愛你」為由幫助他人，卻拖延了那個人生活中最重要的「自立」，那真的是愛嗎？

因此，我們有必要區分「為了他人」介入某件事，是真的為了那個人，還是為了讓自己心裡舒服。我們應明確區分他人和自己的界線。尤其是因為東方集體主義文化的特性，讓我們從小就生活在界線模糊的家庭環境中，這也讓我們在這方面經常感到疑惑。每個人的界線都截然不同，所以更容易在無意中犯錯，並產生衝突。我們應該如何劃清界線，互不侵犯呢？

認為所有的煩惱都源自人際關係的阿德勒，也認為這個問題很重要。因此，阿德勒強調「課題分離」，就是要將他人的課題與自己的課題分離。他告訴我們明確且簡單的區分標準，那就是，思考誰最終會面對這個選擇帶來的結果。

面對成績或前途問題後果的是子女本人，如果失業的兒子不求職，其結果應由本人負責，因為沒有任何人能代替另一個人生活，所以能負責選擇結果的人只有當事者一個人。我負責我的生活，你負責你的生活。

不要把自己的課題推給別人，也不要把別人的課題攬在自己身上。再親近的人對自己指手畫腳，也不能被對方動搖。我們人生的決定權在自己身上。

到目前為止介紹的三種方法都不容易實踐，但如果對這三點掉以輕心，不僅心靈會受到威脅，甚至會失去自己生命的方向。在人際關係中堅定守護自己的心，就像是堅強地主導自己的生活一樣。

這三點是不是值得一試呢？以下提供給予勇氣的短祈禱文來幫助大家。

我做我的工作，你做你的工作。
我不是為了符合你的期待而活在這個世界上。
你也不是為了我才存在於這個世界。
你就是你，我是我。
如果我們的心偶然相合，那是美好的事，
若不是如此，那不是沒辦法的事嗎？

——心理學家　弗雷德里克・皮爾斯（Friedrich Salomon Perls）

如果不想因焦慮而中毒

以焦慮的眼光看世界，無處不是焦慮

來諮詢的人當中，多數人的煩惱與恐懼都和焦慮有關。他們因為渺茫的未來、愛情、家人或脆弱的自己而感到焦慮，雖然每個人的理由都不同，但每個人心中都懷著巨大的不安。這也是與朋友們聚會時一定會聊到的話題。與焦慮相關的話題之所以總能引起共鳴，是因為我們多少都有著相似的不安。

沒有人例外，無論外表看起來多麼堅強的人，內心都有一個恐懼的角落，這樣想的話，會覺得世界上所有的人都像剛出生的嬰兒一樣脆弱。即便是敵人，在焦慮面前，我們也都成了同伴。

也許，總有一天我們能擺脫無盡的焦慮，但除非是神，否則沒有人可以預測未來。未來，意味著「走向未知的地方」，在不確定性中蹣跚前行，就是人生。

儘管如此，每個人的焦慮程度都有明顯差異。焦慮程度越高的人越傾向控制局面。在戀人、夫妻等親密關係中，這種人往往會過度主導關係，並且想束縛對方。雖然他們表面上看起來非常強大，但內心卻相反，往往更脆弱。

這些人因為害怕對方的愛會冷卻，或是怕對方把對自己的關注轉移到他人身上，所以總是想掌握戀人的一舉一動。這種焦慮的父母對子女也特別嚴格，因為他們很難信任孩子。不僅如此，如果過度害怕茫然的未來，甚至也會反過來逼迫自己，因為如果不這麼做，就會感覺天好像要塌了。

焦慮為什麼會讓我們這麼痛苦呢？曾將焦慮視為人類存在核心的哲學家齊克果（Søren Kierkegaard）表示：「焦慮具有讓人類發展的無限可能性。」這讓我們看到了焦慮的力量。

沒錯，其實我們都因為焦慮而取得成果，不論是認真準備學業和就業、努力交友或認真工作，這些成就背後都存在著有利於我們的適當焦慮，我們會透過焦慮而成長。

據說以心理素質強而聞名的前韓國代表選手金妍兒，也是如此。在某次採訪中，她表示如果狀態很好，她反而會感到不安，因為她知道總有一天會出問題。如果狀態太好，練習太過順利，她反而會因為狀態亂掉導致身體跟不上。但是若狀態越不好，她卻越能不被狀態所困，而是持續踏實地進行訓練，這就是她擁有堅強實力的祕訣。從這次訪談看來，她的發展也得益於焦慮，比她焦慮的反而是觀看比賽的民眾。

二〇一〇年的溫哥華冬季奧運，在金妍兒選手上場前，日本選手淺田真央表現得乾淨俐落，這讓觀眾非常緊張，當時我心想，如果金妍兒因此受到影響而出現失誤怎麼辦？但是她卻以更完美的表現，堂堂正正地贏得了金牌。從當天的採訪中可以看出，對她來說，她所希望的是在所有比賽中展現自己當時的最佳實力，而不是和他人競爭，與被放大的焦慮戰鬥。用焦慮的眼光看待他人，人人都是競爭者，處處都是絆腳石。也就是說，是焦慮製造了焦慮。

如果過分執著於令人悲觀或擔憂的原因，就很難擺脫讓自己痛苦的雜念，這會讓人像成癮般不斷製造出焦慮因子，使人對安定的狀態更感到陌生，因而無法忍受，持續走向焦慮的森林。

讓焦慮減少的方法

不論是什麼情緒，都不該束縛我們；為了不被持續的焦慮所困，我們需要面對焦慮的勇氣。通常大多數人都會想辦法避開焦慮。茫然的焦慮感會讓心靈不舒服，越不舒服，我們越想迴避。但如果不能正視焦慮，反而才會被焦慮困住。越是逃避，焦慮越巨大。

面對焦慮並不困難。我們心中總會不斷浮現許多想法，這些想法可以說是自言自語，也可以說是我們與自己的對話，而這些對話總會誘發某些情緒。

比如，如果我們總是對自己說：「這種程度不夠好，一定要做得更好！」、「為什麼做得那麼差？」、「快點處理工作！」等充滿自我批評的言語，我們當然會變得焦慮且躁動不安。另外，「那個人好像在批評我」、「我在公司裡好像沒什麼地位」、「這樣的話我的人生就完了」等充滿主觀評論的言語，也會使我們更加焦慮。

然而，如果能覺察到自己正在使用這些言語，我們就能把這些話語視為腦中浮現的無數想法之一，而且是可以不必在意的情緒。

也就是說，試著將這些心裡的話一一記錄下來，在自己專屬的空間將這些話記在筆記本上。這麼做，往往會寫下連自己都沒有意識到的內心話，也可能會發現原來自己比想像中更常說出這些負面的話語。

接著，請試著將這些話語分類，檢視它們只是主觀評論，還是客觀事實。必須進行這項工作的理由是，這些話語大多不是客觀的事實，只是會讓自己感到焦慮的主觀評論。

我對自己所說的那些話，大多都是未經驗證的錯誤想法，而那些話讓我很容易陷入情緒的陷阱。

——蘇珊．大衛（Susan David），《情緒靈敏力》（*Emotional Agility*）

如同心理學家蘇珊．大衛所說，你會發現自己只是因為那些未經驗證的想法而煩惱。這個領悟，如果不面對自己內心的那些想法是絕對不會發現的。如果不確實面對，「巨大且茫然的焦慮感」就會永遠存在，並沉重地壓著我們。

養成不焦慮的新習慣

習慣性帶著擔憂和焦慮生活並且慣性陷入焦慮的人，似乎出乎意料地多。他們身上真的發生了那麼多讓人焦慮的事嗎？不是的，他們會如此焦慮，只是因為習慣。如果能擺脫這種習慣，就會發現生活中不只有令人擔心的事，快樂且讓人平靜的事也經常發生。這樣的想法會讓人變得更放鬆。

改變習慣的方法如同前幾章所述，只能透過練習。雖然我們不熟悉這些方法，但如果有意識地持續練習，就能創造出新的習慣。為了創造出新習慣，我們必須覺察常常讓自己產生焦慮的想法，並依照前文所說的方法，區分這些想法是事實或只是主觀評論。如此，就能敏銳地察覺自己是否陷入了想法的陷阱中，此時，我們可以對自己說：「啊，我不會選擇相信這些讓我焦慮的想法。」並繼續前進。

如果能持續努力完成這項工作，這些經驗累積起來，就能形成健康的思考習慣。

稍微顛簸也能好起來

在養成新思考習慣的過程中，如果能檢視自己對生活的想法，會對新習慣的養成更有幫助。有時候，我們期待生活是「舒適且順遂的」，但這種期待會讓我們對現實中的真實面貌產生錯覺。「生活是順利或必須是順利的」，這樣的想法讓我們對生活抱有錯誤期待。「我的人生也要順順利利的」，這種想法會增加我們的痛苦，成為生活的絆腳石。若用更宏觀的視野來看，生活的起伏就好像被波浪不斷拍打一樣，有潮起就有潮落。

生活當然是起伏不定的，儘管如此，我們也一直走到了今天，無論是以何種面貌前行，今後也會繼續前進。因此，在看著自己現實生活的面貌時，不要失去對自己的信任是必要的。雖然有些地方可能會出現一些障礙，或是有些顛簸，讓人無法順利前進，但希望大家相信已經走到現在的自己，肯定能繼續往前走。

我們的人生無法重來，每天所走的都是陌生的道路，在這樣未知的世界裡，會有完全不害怕的人嗎？所有人都是在不安中生活的。因此，也許正如齊克果所說，焦慮是存在的核心。

既然我們要與焦慮同行，就讓出一點位置給它如何？讓我們的人生不是因為焦慮而中毒的人生，而是可以保有智慧，與它同行的人生。

參考書目

● 《情緒靈敏力》，蘇珊・大衛著，齊若蘭譯，天下文化，2017

● 《The Healing Power of Emotion》，Fosha, Diana (EDT)/ Siegel, Daniel J. (EDT)/ Solomon, Marion (EDT)，W. W. Norton & Company，2009

● 《Authentisch leben》，Fromm, Erich，Verlag Herder GmbH，2006

● 《全新六週正念練習法》，茹比・韋克斯著，張琇雲譯，時報文化，2016

● 《Owning your own shadow》，Johnson, Robert A.，Harperone，1993

● 《Get out of your mind & into your life》，Hayes, Steven C., Ph.D./ Smith, Spencer/ Boehmer, Paul (NRT)，Tantor Audio，2011

● 《Bodies，Orbach, Susie》，St. Martins Press-3PL，2009

● 《被討厭的勇氣》，岸見一郎、古賀史健著，葉小燕譯，究竟，2014

- 《令人神往的靜坐開悟》，羅伯・賴特著，宋宜真譯，究竟，2018
- 《像佛陀一樣快樂》，瑞克・韓森、理查・曼度斯著，雷叔雲譯，心靈工坊，2009
- 《快思慢想》，康納曼著，洪蘭譯，天下文化，2018
- 《Awareness, dialogue and process: essays on Gestalt therapy》，Gary M. Yontef，The Gestalt Journal Press，1988
- 《It's Not Always Depression》，Hilary Jacobs Hendel，Penguin，2018
- 《自私的基因》，理查・道金斯著，趙淑妙譯，天下文化，2020
- 《Meditation & psychotherapy》，Tara Brach，Sounds True，2011
- 《Mindfulness for beginners》，Jon Kabat-Zinn，Sounds True，2016
- 《活出意義來》，維克多・弗蘭克著，趙可式、沈錦惠譯，光啟文化，2008
- 《The Trauma of Everyday Life》，Mark Epstein，Penguin Books，2014

全書註釋

推薦序

1 Seligman, M. E., & Csikszentmihalyi, M. (2014). *Positive psychology: An introduction. In Flow and the foundations of positive psychology* (pp. 279-298). Springer, Dordrecht.

2 Killingsworth, M. A., & Gilbert, D. T. (2010). A wandering mind is an unhappy mind. *Science*, 330(6006), 932-932.

3 參考文獻：胡君梅（二〇一二）。正念與內觀的譯詞及比較。福嚴會訊，36，10-17。

第一章

1 該理論認為有利於生存的物種會留下來，反之則會消失。演化的目的是把生命體的基因遺傳給下一代。

2 「正念」就是覺察自己當下的內在感覺和想法。也就是不用批判，而是以接納的態度觀察自己的感覺、想法和情緒的過程。這是源自佛教的修行法，在傳入西方後逐漸發展普及。經科學研究證實有助於緩解心理問題後，正念被用於各種治療項目。最具代表性的是被用於憂鬱症、壓力緩解和成癮治療。

3 此哲學立場主張，世界這個實體無法獨立於精神而存在。心靈是形成物質世界的根源。

4 古印度經典《奧義書》的中心思想，認為宇宙的根本實體與個別自我最終是相同的。

5 由孩童時期重要的事件所形塑，長大後也無法消除的情緒。這些潛意識中習慣性的情緒反應持續影響生活，如孤獨、憤怒、憐憫、自卑、委屈等。

第二章

1 不帶入主觀，區分主客體並分別審視的冥想法。如果能客觀分析日常生活中發生的痛苦事件，就能防止該事件帶來的自我貶低、悲觀等痛苦情緒。

2 從更高層次的視角觀察、發現、控制自己認知過程的精神分析。

3 認知行為治療（CBT, Cognitive Behavioral Therapy）是藉由修正扭曲的認知結構和不適應行為的方式，介入心理問題的治療方法。第一波是行為治療，第二波是認知治療，第三波的其中一項療法，就是以正念和接納為基礎的接納與承諾療法（ACT, Acceptance and Commitment Therapy）。

4 可說是尼采哲學的根本思想。比起科學證明的概念，這比較接近尼采透過感官經驗所累積的思想。此思想與肯定並熱愛生活的「命運之愛」有關。

國家圖書館出版品預行編目（CIP）資料

我的心也需要呵護：快樂會消逝，情緒也會過去，你需要的是奪回心靈方向盤，照顧脆弱的心
金慧伶著；陳宜慧譯. -- 新北市：遠足文化事業股份有限公司潮浪文化，2021.09
面；公分　譯自：내 마음을 돌보는 시간　ISBN 978-986-99488-3-8(平裝)
1. 情緒管理 2. 生活指導 3. 自我實現

176.52　110003192

River
心靈河流 004

我的心也需要呵護

快樂會消逝，情緒也會過去，你需要的是奪回心靈方向盤，照顧脆弱的心

作者　金慧伶（김혜령）
譯者　陳宜慧
特約編輯　陳品潔
主編　楊雅惠
視覺構成　王瓊瑤
校對　吳如惠、陳品潔、楊雅惠

社長　郭重興
發行人兼出版總監　曾大福
出版發行　遠足文化事業股份有限公司　潮浪文化
電子信箱　wavesbooks2020@gmail.com
粉絲團　www.facebook.com/wavesbooks
地址　23141 新北市新店區民權路 108-2 號 9 樓
電話　02-22181417
傳真　02-22180727

法律顧問　華洋法律事務所　蘇文生律師
印刷　中原造像股份有限公司
初版一刷　2021 年 9 月
初版二刷　2022 年 4 月
定價　360 元